四川省教育学会教育科研重点课题"区域'标杆班主任'
培养的行动研究"（课题编号SCSJYXH15）成果

半部《论语》带班级
——中小学班主任带班智慧

主 编 易 琼

四川科学技术出版社

图书在版编目（CIP）数据

半部《论语》带班级：中小学班主任带班智慧 / 易
琼主编. -- 成都：四川科学技术出版社，2022.12
ISBN 978-7-5727-0724-7

Ⅰ.①半… Ⅱ.①易… Ⅲ.①中小学 – 班主任工作 –
研究 Ⅳ.①G635.16

中国版本图书馆 CIP 数据核字（2022）第 188428 号

半部《论语》带班级——中小学班主任带班智慧
BANBU LUNYU DAI BANJI——ZHONGXIAOXUE BANZHUREN DAI BAN ZHIHUI

主　编　易　琼

出 品 人　程佳月
责任编辑　胡小华
责任出版　欧晓春
出版发行　四川科学技术出版社
　　　　　成都市锦江区三色路238号　邮政编码：610023
　　　　　官方微博：http://weibo.com/sckjcbs
　　　　　官方微信公众号：sckjcbs
　　　　　传真：028-86361756
成品尺寸　170mm×240mm
印　　张　14.5
字　　数　290千
印　　刷　四川川林印刷有限公司
版　　次　2022年12月第一版
印　　次　2022年12月第一次印刷
定　　价　58.00元

ISBN　978-7-5727-0724-7

邮　　购：成都市锦江区三色路238号新华之星A座25层　邮政编码：610023
电　　话：028-86361758

编 委 会

序

————吴安春————

《论语》作为中国儒家文化集大成的"十三经"中具有代表性的书，是中华民族的"根"和"魂"，在时间的漫漫长河中开枝散叶、代代相传。

智慧需要传承。

《论语》，一部传承千年的儒学经典，蕴藏着无穷的智慧。古语有云：半部《论语》治天下。这部古圣先贤智慧的结晶，经过几千年历史洪流的淘洗，不但没有被洗刷褪色，反而越来越散发出耀眼的光芒。小到为人之道、处世之道，大到修身立德、治国理政，都能从《论语》中汲取养分：有仰天长笑"有朋自远方来，不亦乐乎"的大方得体，有低头垂吟"逝者如斯夫，不舍昼夜"的悠悠太息，亦有静坐沉吟"学而不思则罔，思而不学则殆"的哲思奥理。《论语》的智慧，穿过时间的荒野，跨越历史的山河，犹如一位隐立于天地之间的巨圣先哲，用岁月的洪钟不断警醒着我们，启发着我们；这些智慧，有如自然草木之精气，生发自然，又自然地凝聚、散落在我们周遭，无声地浸润着我们。《论语》中的智慧，经过历史的选择与迁衍，最终和释、道、法等诸家经典一起融入我们的血液，成为中华民族重要的精神内核，也成为中国传统文化重要的组成部分。每一位中国人都应该对其有所了解，都应该好好看一看、读一读，让圣贤的智慧不致遗落沧海，让中华的文脉得以继续传承。

教育需要传承。

《论语》还是一部蕴含教育智慧的教育经典。孔子是一位思想家，更是一位教育家，被后人尊为孔圣人、至圣先师。《论语》就是记录孔子及其弟子言行的语录体著作，内里的诸多章节均是对孔子教育智慧的重要记录。"不愤不启，不悱不发"，《论语》中的启发式教育是超越时代，至今仍在现代教育学中散发魅力的经典之论；"其身正，不令而行；其身不正，虽令不从"，言传身教的思想不只存在于现代教育中，《论语》中也早有阐述；西方心理学家波斯纳提出教师专业化成长需要反思，而两千多年前东方大国的孔子早就提到"吾日三省吾身"。实践是检验真理的唯一标准。自人类出现文明以来，自中华民族延续至今，不同的思想流派、不同的教育主张此起彼伏，百家争鸣。有的教育流派早已被大浪淘沙，沦为历史的烟尘；有的教育思想依旧滚滚而行，水净源清。《论语》中的教育智慧能流传至今，恰恰证明它并不是应束之高阁的陈腐之音，而是经过时间淘洗的教育真理。作为教育者，我们理应常读常新。

教育需要情怀。

从激情引路、痴迷学习的教研员的循循善诱，到乐于阅读、敢于尝试的一线班主任的砥志研思，《论语》中的带班智慧逐渐柳暗花明、拨云见日。这本书是成都市武侯区榜样班主任的合作成果：近两年来，扎根德育研究的教研员带领一群中小学班主任通过各种途径刻苦研读《论语》，提高教育理论素养，同时他们在自己的能力范围内，将《论语》中传统经典的教育理念融入现代班级管理的日常与细节中。作为一线班主任，他们的解读，也许不够专业，但至少踏实而不走样；他们的某些叙述也许不够理性，但却是他们用心做教育的写照。

教育需要打磨。

《半部〈论语〉带班级——中小学班主任带班智慧》紧扣《论语》原文，用一线教师看得懂的语言，深入浅出地阐述孔子对仁、义、礼、智、信的道德追求，厘清了孔子思想背后的价值取向和秉承的教育理念；紧抓班主任日常工作，用《论语》中的大思想和大智慧，剖析日常的教育案例，拷问班主任的带班理念，追问班主任的带班策略，反思班主任的带班过程，并围绕"修己安人""以学带班""以仁带班""以礼带班""以和带班"五个板块进行了探讨。他们在打磨中慢慢收获，在反思中日渐坚定。

吴安春，教育学博士、心理学博士后，现任中国教育科学研究院教育理论研究所所长、研究员、博士后导师、高级访问学者导师，教育部主管期刊《教育史研究》副总主编，北京市海淀区政协第九届、第十届委员，兼任中华孔子学会副会长，中国地方教育史志研究会驻会副会长；长期从事教育科学研究和教学工作，主要研究领域有教育理论、道德教育、教师教育、教育政策、传统文化教育等；主持国家级、省部级课题10余项；出版《德性教师论》《回归道德智慧：转型时期的德育与教师》等学术专著4部，主编《学校文化型塑与校长成长》系列丛书4本、《教育智慧与教师的智慧》系列丛书7本、什刹海书院文库导师口述史系列丛书等，在权威期刊及报纸发表学术论文、时事论文70余篇。

前言

　　中小学班主任是最基层的"主任"职务之一，是事务性工作最繁杂的"主任"之一。笔者在走访中发现，有的班主任在工作中行动上是雷厉风行，嘴上却是抱怨不断，如抱怨学生"一届不如一届"，抱怨事务性工作"一年多于一年"，抱怨协同育人环境"一年不如一年"。这种"抱怨"型的文化氛围让其他的班主任困惑不已，迫切想要寻求一条新的班主任发展之路。孔子是距今两千多年的典型的"班主任"，《论语》一书蕴藏着教书育人的大智慧。子曰："我非生而知之者，好古，敏以求之者也。"（《论语·述而》）孔子说："我不是生来就有知识的人，而是爱好古代文化，勤奋敏捷地去求得知识的人。"这一次，我们到中国传统文化中去寻找答案和力量。我们在区域"标杆班主任"的培养中，第一年首先与班主任共读《论语》，以悦于学、乐于教的孔子为榜样，锤炼心平气和的班主任专业底色，寻求班主任的个人修身之道及带班策略。在成都市武侯区2018届、2021届两届榜样班主任的阅读中，大家有了一些收获。

读《论语》，让班主任的心静了下来。

《大学》有言："静而后能安，安而后能虑，虑而后能得。"作为班主任，只有先静下来，才能获得内心的平和，进而理智地做出班级育人决策。日用而不知，是榜样班主任共读《论语》的学习目标；不抱怨，不说善意的谎言，自修自省，乐观进取，积极努力，正面处理自己与班级事务的关系，是榜样班主任修己安人的基础课之一；学以致用，边学边用，边用边学，学、思、用结合，知行合一，是榜样班主任的基本学习方式。在一年又一年的共读、共分享、共实践中，班主任每日反省打卡"是否不抱怨""是否正健康且勤勉地朝着最重要的班级育人工作前行"，如切如磋，如琢如磨。在这个过程中，班主任们发现自己的心静下来了，能够听到自己和学生内心的声音，能够先处理情绪，再处理班务，能够正确地关心学生、关心班级、体谅家长，能够从以制度带班转向以情带班了。

读《论语》，助力班主任"志于道"。

有志才有学，有志才有教。子曰："参乎！吾道一以贯之。"（《论语·里仁》）孔子认为，他教给学生的东西有一个根本的道理贯穿始终。钱穆认为，以孔子的志为志向，以孔子的学为学习榜样，是阅读《论语》的最大宗旨。共读《论语》，是以经典之魂引领班主任的思想进行自我完善。有坚定理想信念的老师，才能高质量培养出为中国人民谋幸福，为中华民族谋复兴的新时代少年。班主任共读《论语》，是考诸古训、反求诸己，不断反思"我是谁""我怎样成为自己""我要成为一个什么样的班主任""我正在成为一个什么样的班主任"的自我同一性过程。班主任共享《论语》，是不怨天、不尤人，在家无怨，在邦无怨，下学而上达的探索。班主任共同实践《论语》，是千里之行，始于足下；畏天命，畏大人，畏圣人之言，学而知之，困而学之的努力。

读《论语》，以中国人的方式带班。

2017年，教育部颁发的《中小学德育工作指南》指出，传承中华优秀传统文化是重要的德育内容。学习中华经典，领悟中华优秀传统文化中的带班方略，是班主任为培养全面发展的新时代少年应尽的传承责任。

2020年10月12日，80余位班主任从带班的师生关系、家校关系、同事关系、上下级关系、教与学的关系等视角首开共读《论语》之窗。一路走来，大家互助互学，交流分享对整本书的阅读体会，探讨基于不同的班级实际，展开以"礼"带班、以"情"带班、以"心"带班的多种实践。2021年，有60余人次到中小学做"读《论语》 学带班"读书分享活动，撰写"经典—解读—实践"的学习笔记几十万字。在反复的阅读与写作、修身与带班实践中，老师们越发感受到经典的博大精深，意识到当下班级文化育人的浅尝辄止。笔者在写作本书的过程中，一次次地推翻原来的书稿，不断探寻育人规律，结合实践再解读、再思考、再梳理。数易其稿的过程，不仅是班主任"学而时习之"，知识与见识不断增长的过程，更是在提高自身道德修养上下功夫的过程。

《论语》似一棵千年智慧树，有万年青的风采，是一本常读常新、常新常进的千年经典。我们共读、共学、共攀岩的道路还很长，带班智慧尚在生长中，未来还要坚定不移地汲取先辈的智慧和营养，让它长在我们的身体和血液里，让它融入我们的生活和生命中。

易　琼

2022年2月17日

目　录

第一章　修己安人

第二章　以学带班

第一章

修己安人

　　"修己安人"出自《论语·宪问》"修己以安人",意思是提高自身修养,使人民安乐。"修己安人"里的"修己"与"安人",不是两个各自孤立的概念,而是一种因果关系——"修己"是管理的前提和基础,"安人"是管理的目的和归宿,二者相互统一。"修己"表现为管理者的才识、道德、能力、礼仪的修养,"安人"表现为人民在物质和精神上"富足""安定"的状态。这种管理思想,源于儒家修身为本的思想,正如《大学》所言:"身修而后家齐,家齐而后国治,国治而后天下平。"作为班主任,如果能做到对自己进行自觉、自律、自主的自我教育,修身以安己,学生必然信服,进而虚心求教,达到安己以安人之境界。班主任带班是一种管理,修己安人是班主任带班管理的首要策略。

第一节 知

一、知之内涵

古语中，知和智有时是通假字，可以互换。《说文解字》中这样解释："智，词也，从口，从矢。"智代表了一种理性的思考，一种策略，可分为"闻见之知"和"德性之知"两种。"闻见之知"，是指人们通过自己的感觉器官（即眼、耳、鼻、舌等）获得的知识或经验。"德性之知"是指个人身上与生俱来，唯有内修才能发挥出来的对外在事物的洞察力，它高于"闻见之知"。

二、班主任之知

班主任可以努力体悟孔子"其身正，不令而行；其身不正，虽令不从"（《论语·子路》）的意蕴，以自身为榜样，坚持行胜于言，处处为学生之表率，用自己的德行与学识唤醒学生对真善美的向往，让班级成为滋润学生成长的地方。

（一）闻见之知

班主任的"闻见之知"是指从班级出现的状况中认识到问题的实质，从而得到有关的知识和技能。闻，指向他人学习；见，指直接的认识。孔子认为，"知"的获得要依赖于闻见，闻见是获取"知"的重要手段。因此，他强调"多闻""多见""多闻阙疑"，比如"多见而识之"（《论语·述而》）、"多识于鸟兽草木之名"（《论语·阳货》）、"知柳下惠之贤"（《论语·卫灵公》）、"闻一知二""闻一以知十"（《论语·公冶长》）。对于"闻见之知"，孔子主张要好学、慎思、审问、常省。

1.好学

《论语》开篇第一句话"学而时习之，不亦说乎"（《论语·学而》）就强调了好学的重要性。"学"彰显人的主体性，"习"立足于人的实践性。"学"和"习"两者通过"时"的联结，在适当的时机将学的种种知识和人生哲理，恰如其分地致用于所"习"的社会现实。孔子非常重视学习，是一个终身学习的实践者，所以他才格外强调学习对于成为一个良师的重要性。

孔子认为学有三种境界："生而知之者上也，学而知之者次也，困而学之又其次也；困而不学，民斯为下矣。"（《论语·季氏》）这句话是说生来就知道的，是上等境界；经过学习后才知道的，是次等境界；遇到困惑疑难才去学习的，是又次一等的境界了；遇到困惑疑难仍不去学习的，这种人就是下等境界了。"知之者不如好之者，好之者不如乐之者。"（《论语·雍也》）大部分人都不是生而知之的，但作为班主任，应该追求困而学之、好而求之、乐而知之。

（1）困而学之

"困而学之"是说，在日常学习中，平时用不到的时候就不学习，等遇到班级管理及自身成长的困难，深感"书到用时方恨少"时，这才返回去学习。无论是育人知识还是班级管理技能，都是需要积累的。"困而学之"虽然不如"学而知之"，但在遇到困难后知道通过学习来解决，这种"临时抱佛脚"的态度还是可取的，如果遇到困难还不知学习，这种无所谓的态度才最可怕。"生而知之"仍然需要通过"学而知之"来巩固或加强，至少也要做到"困而学之"。

（2）好而求之

孔子曾说："我非生而知之者，好古，敏以求之者也。"（《论语·述而》）就是说，他自己不是生来就有知识的人，而是爱好古代文化，勤奋敏捷去求得知识的人。"好而求之"强调的是学习的主动性和积极性，说明人可以主动发现自己的无知与不足，然后通过学习获得新的知识、掌握新的本领。这个境界，每个班主任都可以达到。达到这种境界的班主任，可以进一步明确自己的目标，有针对性地学习一些专业书籍，在自己的工作岗位上才能精益求精、锐意进取。

（3）乐而知之

子曰："女奚不曰：其为人也，发愤忘食，乐以忘忧，不知老之将至云尔。"（《论语·述而》）孔子的一生不仅好学，而且以学为乐，把学习和快乐融合得很好。孔子疏食饮水，乐在其中。正因为孔子把学习当作乐趣，才能成为博学多识的万世先师。孔子的弟子颜回"一箪食，一瓢饮，在陋巷，人不堪其扰，回也不改其乐"（《论语·雍也》），正谓不改其好学之乐。

乐而知之者，不但爱好学习，而且把学习作为一种追求，追求深、淳、乐，能从学习中获得快乐，这是一种最高层次的学习境界。因为乐而知之者会挖掘书中最深的东西，"取其精华，去其糟粕"，书中最美的东西便是你的了。成为一个乐而知之者，方受益终生。

班主任的境界会潜移默化地影响学生的境界。班主任明确自己所处的学习境界后，可以追求更高的目标，比如：成为一个让学生敬佩的老师，成为一个享受学习和工作的人。

2.慎思

子曰："学而不思则罔，思而不学则殆。"

——《论语·为政》

孔子之论，实能内外交修，以经验与思想并重，绝无偏倚之弊焉。由此可见，学习与思考应时刻紧密结合才能既学到知识，又把知识内化为自己的思想。作为班主任，在言语、行动、处事等方面都应做到慎思。

一是言语需慎思。在班级管理中，对待学生说话要谨慎，不说自己做不到的事，但凡说过的事情就要尽力做到。《论语》有言："敏于事而慎于言，就有道而正焉，可谓好学也已。"孔子教育弟子，对工作勤奋敏捷，说话发言要谨慎，到有道的人那里去匡正自己，这样就可以说是好学了。这就是言语慎思的一种表现。为人师表，言语不可全凭性情，说话之前要想清楚自己的立场，还要设身处地站在学生的立场上想一想，并且想一想说出的话可能给学生、班级及其他各方产生的影响。先经思虑再说话，多换位思考，事后多自省所言，养成言语慎思的习惯。长此以往，说话做事自然就圆满得多。在师生关系中，言语慎思既是对学生的尊重，也是对自己的保护。

二是行动需慎思。在班级管理中，任何带班策略在落实到行动之前都要先经过再三思考。要知道，任何班规班纪一旦执行，就会对班级产生影响。要预判其影响的结果，就要在确定这些内容之前，思考它所传达的信息是否积极，是否能够获得学生的认同和支持，是否能够在班级产生持久而正向的影响。明代方孝孺曾说："人之持身立事，常成于慎，而败于纵。"这也在告诉我们：教师管理班级，不能随心所欲、鲁莽行事，谋定而动是教师从事班级管理必备的智慧。

三是处事需慎思。在班级管理中，班主任时刻要面对和处理"状况外"的突发事件，处变不惊是班主任首先要具备的心态，这也是处事慎思的心理前提。面对突发事件，处事要快，但这不代表可以省略慎思的过程。相反，处理突发事件之前的慎思尤为重要。首先，班主任需要对这个突发事件的性质做出判断，然后思考事情发生的原因以及可能产生的后果，最后厘清事件处理流程，迅速做出应急处理。

慎思是班主任带班应有的态度，更是带好班必备的智慧。《道德经·六十四章》中言："慎终如始，则无败事。"其中的"慎"就是言行、处事慎思的态度。一个懂得慎思的班主任，不一定就是一个完美的班主任；但是一个不懂得慎思的班主任，一定会花更多精力去应对因言行、处事"不慎"而产生的问题。如此看来，慎思可以是班主任带班的一把智慧金钥匙了。

3.审问

《论语》是语录体，但它并不是孔子个人言谈的简单汇编，而是通过问答的方式记录了孔子的言行和思想观点。通读《论语》可以发现，孔子在实践一种最常用、最有效的教学方法——"问"。《论语》记载了很多弟子的提问以及孔子的回答。在孔子的课堂中，教师没有直接地灌输，学生也没有盲目听孔子讲学。相反，孔子积极鼓励和启发学生提问，并主动帮助学生解决疑惑。

在"问"学的方法上，孔子所倡导的观点是：

（1）疑问

孔子曰："君子有九思：视思明，听思聪，色思温，貌思恭，言思忠，事思敬，疑思问，忿思难，见得思义。"（《论语·季氏》）孔子提出君子有"九思"，其中一思就是"疑思问"，即善于怀疑，勇于怀疑，

"于不疑处有疑"，才能辨明是非，有所得益。班主任工作具有常做常新的特点，面对的人物新，问题也在不断更新。《论语》中的"疑思问"就是在告诉我们，遇到问题需要不断探索、深入思考，思考不明白就多问多请教。班主任们不仅可以向有经验的老师请教，还可以向身边的年轻同事请教，甚至可以向学生请教。正如孔子所言，"三人行必有我师焉"，如果能问一得三，就是最大的收获了。

（2）多问

多问即广泛地问、详细地问。例如"子入太庙"一章，其中最关键的一句是"入太庙，每事问"。这则材料叙述了孔子进入太庙之后，向有关人员详细咨询祭祀之礼的有关活动，广泛地了解相关事宜。面对旁人的质疑，孔子说，这正是礼。孔子非常反对不懂装懂，他认为，随时主动向别人请教，才是一种真正知礼懂礼的表现。

"多问"还包括不耻下问，即善于向学问或地位比自己低的人学习，向年龄比自己小的人请教，而不要觉得不好意思。在与学生的交往中，班主任也应该主动学习、不耻下问，多听多问学生的建议，以提高"俱进度"。这样不仅可以收获知识，更重要的是能够引发深度思考，促进新问题产生。譬如在新班级建立之初，在班干部选举、班规制定等方面多听多问学生的意见，可以让班主任快速了解学生的需求，密切师生关系，还能营造和谐友好的班级氛围，一举多得。

（3）切问

切问即恳切地问。子夏曰："博学而笃志，切问而近思，仁在其中矣。"（《论语·子张》）这句话的意思是，广泛地学习并且笃守自己的志向，恳切地提问并且常常思考眼前的事，仁就在这中间了。它向我们揭示出一个道理，对别人提问的时候，态度应该真诚、恳切、恭敬、有礼。

在日常班级管理中，切问就是把对学生的爱细化，融进生活的点滴，让孩子们从细节中体会到班主任对自己切实的爱。比如，在发现学生的神情和状态不佳时，关心询问学生是否不舒服；在学生心情显著低落或有哭过的痕迹时，及时询问学生是否遇到了困难；当学生打架或与同学发生争执时，应先询问其缘由，然后再根据实际情况进行教育或批评……像这样深入细致、不失时机地恳切询问，能让关心与爱真正落到孩子的心灵深处，从而有效拉近师生关系，助力学生健康成长。

孔子的问学法不只是一种教学方法，也是一种能提升效率的班级管理方法。在班级日常管理中，做一个凡事多问、遇事切问、诸事疑问的班主任，给学生留出提问题的空间和机会，使人人都有自我表达的权利，才能创建一个稳定和谐的班集体。

4.常省

子曰："吾十有五而志于学，三十而立，四十而不惑，五十而知天命，六十而耳顺，七十而从心所欲，不逾矩。"

——《论语·为政》

正如习近平总书记勉励广大教师要争做有理想信念、有道德情操、有扎实学识、有仁爱之心的"四有"好教师。这就要求班主任要有笃定的理想信念，担负起知识分子的使命责任，在修己的过程中做到时刻自省。

（1）一省初心

初心包括"我要成为什么样的班主任""我当前最重要的工作是什么"。班主任要时刻反省自己是否正在朝着初心前进，是否处理好紧迫与重要事情的关系。

《大学》有言，"知止而后有定，定而后能静，静而后能安，安而后能虑，虑而后能得"。这句话的意思是知道要止于至善，知道应该采取的合理立场，知道自己要实现的职业目标，才能志有定向；志有定向，才能意志坚定、心不妄动、宁静致远；心不妄动，才能安于目前的处境；安于目前的处境，才能虑事精详、潜心研究；虑事精详，才能达到至善的境界，达到想要实现的目标，得其所止。一省初心就是要按照定、静、安、虑、得的五字要求来做。

（2）二省靶心

靶心是指班级建设目标，包括短期、中期、长期目标。在班级建设过程中，班主任要根据社会发展需要、学校育人理念、班级整体情况、学生发展需求，制定出科学合理的班级建设目标，时常反思班级发展的程度，时常对班级阶段目标的达成情况进行扫描、体检、纠偏。

班主任的事情多而杂，在这种时候一定要稳定军心，瞄准靶心，做最重要的事情。既要完成上级交代的任务，也要灵活地与班级发展目标进行整合。

（3）三省关心

三省关心，是指我们要反思日常的教育教学工作，对学生是否是真关心。真关心是指关心的内容、关心的方式、关心的效果。比如，关心方法是否恰当，学生是否感应到关心，学生是否学会关心。

现实中曾有这样一个案例：有一学困生学习差，爱犯错误，却屡教不改。在多次教育无效后，班主任怒火中烧，一通骂，一通吼，疾风骤雨般的批评、惩罚随之而来。学生们呆住了，眼睛直勾勾地看着老师，教室里异常肃静。学生在暴风雨中承受着这一天的学校生活。回家后，一个孩子在周记中写道："今天老师发火了，这好像已经不是老师第一次发火了。他是那么的易怒易暴，一不小心就会点燃他的怒火。"看到这样的描述，班主任甚是后悔并开始反思，原来出自对学生的关心，却没有收到好的效果。对每个学生都一把尺子量到底的高要求、对每个学生的缺点零容忍、对每个学生都抱有"不贰过"的教育期待是否是真关心；对小错不断的学生揪住不放，不留情面地批评指责，这样的关心方法是否恰当。其实，此种情况下，针对性、客观性地分析事件的本身，找出事件发生的缘由，并及时制定弥补的措施，会比冲着学生发一次火更奏效，同时也能亲自向学生示范如何将"坏事"处理好。魏书生老师说："我们不能把学生当作没有思想、没有感情的被动的受管理者，而应是把他们当作有思想、有意志、有情感的主动发展个体。"教书育人是细活，也需要耐心，人有七情六欲，教师也不例外。

（二）德性之知

"智"作为三达德之一，它最重要的一层含义就是指道德理性，就是对道德的认识，即道德是非、善恶的判断和道德知识的积累。有了道德知识、道德判断才能够明善，才能够去践行道德，即所谓"智者利仁"(《论语·里仁》)。孔子有"三知":"知言""知礼""知命"。他认为,一个人不明白自己的天性与所处的社会、政治环境对自己生命的正负影响,就不可能成为君子;不懂得礼仪,就不可能立足于社会;不懂得分辨别人的言语,就不可能识人。

1.知言

"言"是表情达意的媒介。"言"的背后,蕴含着一个丰富的意义世界,也蕴含着无限的生命智慧。君子人格的培养,首先要自"言"始。班主任不仅要"知言",更要提高自身"言"的修养。

不"知言",而无以"知人",意在通过"言"这一媒介而知人。言为心之声、意之声。一个人的言辞,很大程度上可以反映他的内在品质,故而从其言谈,就可探测其人品高下。道德高尚的人,必然不会是言辞粗鄙之人。反之,孔子则说"巧言令色,鲜矣仁(《论语·阳货》)",从一个人的花言巧语,就可以知其为人之不仁。钱穆先生说:"若不能知言,何能知其是非得失乎。""知言"不仅仅局限于外向地察人,更是内向地知己及知人。这一意义上,"知人"是人对自我的反思,以"知天""知命",或者说"知天命"为条件,这就把言、人、天(天命)的关系打通了。由"知言"而可辨枉直,是明了是非善恶的第一步,由此便可进一步推广到"知礼""知命",这便是"知言"更高层次的目的所在。

在提高"言"的修养方面,孔子强调两点:慎言和守言。

慎言即说话要慎重,要少言少语。如《论语·里仁》中讲:"子曰:'君子欲讷于言而敏于行。'"做班主任需慎言,班主任对自己所说的每一句话都不能有一点马虎。在日常生活中,"多闻阙疑,慎言其余,则寡尤;多见阙殆,慎行其余,则寡悔"(《论语·为政》),说与做之前要多听多看,有疑虑拿不准的地方要保留起来,拿得准的部分则要慎重地说出来和做下去,这样才能减少错误和后悔,才能赢得学生的信任和支持。

守言也就是要信守承诺。子曰:"古者言之不出,耻躬之不逮也。"(《论语·里仁》)"夫人不言,言必有中。"(《论语·先进》)孔子欣赏那些对事不轻易发表意见，但不说则已，一开口必定切中要害的人。"其言之不怍，则为之也难"（《论语·宪问》），当一个人说话大言不惭的时候，真正将其付诸行动就很难了，所以班主任老师需要讲究言之有物，言语要切中要害。

言不仅要少，要信，还要把握说话的契机。如子曰："可与言而不与言，失人；不可与言而与之言，失言。知者不失人，亦不失言。"（《论语·卫灵公》）。孔子认为说话要注意对象、场合、身份。和可以说话的人设防不说话，这就错失了人才；不可与他谈的话却与他谈了，这就是说错了话。班主任老师要足够机敏，要学会在恰当的时候说话，才不会招致学生的讨厌。

言语是一把利刃，也是一把良弓。良好的交流艺术能搭建起师生和谐关系的桥梁，让我们以先哲智慧为指引，做一个知行合一、止于至善的班主任！

2.知礼

在孔子看来，礼不只是维系社会秩序的外在形式，更是且应当是以仁为内核的内在德性的体现。"礼"作为具体的实践规范，它不仅是"君君、臣臣，父父、子子"的循名责实的政治规范和家庭伦理规范，还是"礼之用，和为贵"的人与人之间相处的道德规范。

一个班级要培养现代君子、时代新人，班主任首先要知书达礼、率先垂范，以正心、正德、正己、正人。《孝经》中说："君子言思可道，行思可乐，德义可尊，作事可法，容止可观，进退可度。"据此可见，中国传统教育极重身教——修身之教。我们常常说言传身教，正是这个道理。同时，身教准确地说是身心之教，若一个人内心不敬，他的行为就不可能符合礼。孔子把这样的人称为"肆无忌惮"的小人，孟子则批评这样的人是"无耻之耻，无耻矣"。当前社会对师德失范的不满，就像孟子、顾炎武所斥责的无耻一样。教师应当谨守孔子"约之以礼"的教诲，深切认识到自身一言一行会引发的示范效应，以《大学》中所说的"君子慎独"为标准，不能侮辱"师"的名号。

3.知命

孔子对"命"很重视,《论语》中关于"命"的论述很多。他说自己"五十而知天命",又说君子要"畏天命",还说"不知命,无以为君子"。孔子为何重视"命",并多次给予叮咛和忠告?其实都是为了一个听起来很沉重的词——担当。人因知天命,主动担当,才会不怨不悔,这是作为君子的最低要求。"天命"本身并不奇妙,但要认识天命却并不容易。所以孔子说"五十而知天命"。"天命"蕴含着天道的运行规律,"知天命"必然是了解社会和生活的规则。所以,只有"知命",才能"畏命"。孔子说君子"畏命",又说"小人不知天命而不畏也"。通过分析君子与小人对天命的不同态度,他对于君子人格的期待,对于社会担当的赞赏,都在这里得到了体现。君子有德有位,不仅应该担当、必须担当,而且能够担当,可以主动担当。可以看出,在孔子那里,"天命"与"神圣"有点儿类似。《论语》最后一章记孔子说"不知命,无以为君子",似乎与《论语》开篇的话相呼应:"人不知而不愠,不亦君子乎?"

孔子所处是"无道"的乱世,他本人"有德而无位",但依然"知其不可而为之"。他对自己所处的时代有一个清醒的认识,他说:"道之将行也与,命也;道之将废也与,命也。"(《论语·宪问》)但他并没有放弃行道的努力,他说:"芝兰生于深林,不以无人而不芳;君子修道立德,不谓穷困而改节。"(《孔子家语·在厄》)他认为,君子面对人生的态度应是,不论显达还是困厄,都不要改变自己的节操。穷达自己无法完全决定,德行则取决于自己。人就要主动作为,积极用世,坚定正确信念,努力完善自己,做有益于社会的人。

由"知言"的道德认知,可以以知促行;由"知礼"的道德实践,可以以行深化知。然后反复进行这个实践(认识)—认识(实践)—再实践(再认识)—再认识(再实践)的循环,并最终在不断的道德认知和道德实践的相互促发中体认、体知天命。由此可知,"知言""知礼""知命"实际上是层层递进又相互依赖的,不能将它们孤立地分开。此"三知"实乃君子根基,只有根基牢固了,探求天命性理才不致蹈空坠虚。

总而言之，"学而时习之，不亦说乎"，所学的东西其意义就在于指导实践、应用于实践。学到的知识、才能、品德能够使自己拥有解决现实中所遇问题的能力及独立进行是非善恶判断的能力，就能使自己在任何的情况下都可以达到"不惑"，也就是达到"智"，即"好学近乎知"。

第二节　仁

儒家思想是以"仁"为核心的，仁即仁爱思想，是儒家思想的基本精神，也是儒家思想的理论基石。孔子曰："仁者，人也。"在《论语》一书中，"仁"被谈到100多次。孔子提出，"人而不仁，如礼何"。他认为，没有仁就更谈不上礼，把"仁"当作儒家思想的核心。关于"仁"的内涵，孔子在《论语》一书中有多处说明，从不同角度、不同层面进行了阐释，可见"仁"具有丰富内涵。

一、仁之内涵

仁是儒家文化的核心，仁的核心就是爱。樊迟问仁，子曰："爱人。"仁的核心是爱人，以爱人解释仁，进一步将爱视作仁的内涵。仁爱不只是亲爱（即爱自己的亲人），而且包括友爱和博爱。以此看出仁基本的内涵是由爱己、爱人推广到爱民、爱国、爱天下的大爱精神。从爱己"克己复礼以为仁"（《论语·颜渊》），到爱人"己所不欲，勿施于人"（《论语·颜渊》），"己欲立而立人，己欲达而达人"（《论语·雍也》），以此来推己及人，用爱己之心来爱他人。再升华至爱国家、爱人民，具备"博施于民而能济众"（《论语·雍也》）的"泛爱众""济天下"的普世情怀，对普罗大众抱有怜悯之心，最终达到爱天下，"天下归仁"（《论语·颜渊》）的最高境界。

（一）仁爱

儒家思想中，孔子将仁爱作为正确处理人与人关系的主要方法和最高道德原则，强调人与人之间要互相关心、互相关爱、互相帮助，从而形成"仁"的思想。孔子认为，仁爱是最完美的、最善良的精神，是做人的根本。具体来说，仁爱是爱己、爱人、爱物。先爱自己，然后爱人，再爱物，最后达到"泛爱众"，即爱所有人。

1.爱己

仁爱是以自身作为出发点的。爱己就是爱自己，即自尊、自知、自爱、自重。《孔子家语》这本书里记载了一个故事：有一天，孔子叫来子路、子贡和颜回，问了他们三人一个共同的问题，什么叫智者？什么叫仁者？子路说："智者使人知己，仁者使人爱己。"意思是，智者应该能使别人了解自己，仁者应该能使别人爱护自己。孔子点点头说："可谓士矣。"子贡说："智者知人，仁者爱人。"意思是，智者应该懂得了解别人，仁者应该懂得爱护别人。孔子点点头说："可谓士君子矣。"颜回则回答："智者自知，仁者自爱。"也就是，智者应该自己了解自己，仁者应该自己爱惜自己。听后，孔子赞许地说，颜回"可谓明君子矣"。孔子是想告诉我们，人生的修行，要从自爱开始，然后才能拥有爱人以及过好生活的能力。如果我们真正爱自己，我们就会爱所有人，爱这个世界，爱生活。如果我们能对另一个人说"我爱你"，我们就一定能够说，"我因为爱你而爱每个人，我通过你而爱这个世界，我由于你而爱我自己"。班主任不仅仅是班主任，还有其他身份，有时不同身份之间会发生冲突，需要班主任及时调整，这就是班主任爱自己的关键所在。班主任首先是"人"，其次才是"教师"。

2.爱人

汉字中"仁"字的写法是"二人成仁"。这告诉我们，仁爱不是个人的状态，它是在与他人相处中表现出来的。孔子曾说，"爱人"分为两个部分："亲亲"和"泛爱众"。"亲亲"，即对与自己有血缘关系的人施以爱心（这里主要指父母及长辈）。"亲亲"是"仁爱"的本始。爱人是由"爱亲"开始的。《论语·学而》中谈到，"孝弟也者，其为仁之本与"。以此可以看出，孝悌是仁的根本。孔子曰："仁者，人也，亲亲为大。"（《中庸》）这句话的意思是，仁爱的品德是人本身所具有的，爱自己的亲人是最基本的。

古语有云，百善孝为先，孝是作为人对自己父母的敬爱、关爱之情。孔子极其重视孝道。孝并不是夸夸其谈的。在孔子的儒家思想里，孝是具体且可操作的行为。一方面，孝是指顺，即无违。孟懿子问孝，子曰："无违。"樊迟御，子告之曰："孟孙问孝于我，我对曰，无违。"樊迟曰："何谓也？"子曰："生，事之以礼；死，葬之以礼，祭之以礼。"（《论语·为政》）孔子认为，对父母的生、死、葬、祭都必须用礼。另一方面，孝指敬。子游问孝。子曰："今之孝者，是谓能养。至于犬马，皆能有养；不敬，何以别乎？"（《论语·为政》）对父母，如果只是赡养，负责父母的基本生活起居，而不是从心里尊重、敬爱他们，那么这与养活犬马无异，不是孝。敬是基于血缘基础之上的敬爱之情，比孝有更高的道德要求。还有一方面，孝指色难。子夏问孝。子曰："色难。有事，弟子服其劳；有酒食，先生馔，曾是以为孝乎？"（《论语·为政》）也就是说，我们不仅要在形式上孝顺父母，而且要发自内心地敬仰父母。善事兄长为悌。"弟子，入则孝，出则悌"，爱人是从父母兄弟开始的。"君子笃于亲，则民兴于仁。"（《论语·泰伯》）孝悌是爱人的根本，孝悌是仁的前提、基础，仁是孝悌的发展、扩充，于是孝悌就成了孔子"仁"的最根本的内容。

孔子认为，在处理与其他人的关系时，首先应该爱有血缘关系的人，然后再爱陌生人，达到从"爱亲"到"泛爱众"的目的。爱众是把"爱亲"的对象扩大化，由爱亲人到爱更多的人。《论语·乡党》载："厩焚。子退朝，曰：'伤人乎？'不问马。"马棚失火了，孔子只问人，不问马表明了重人不重财，这就是爱众的表现。可以看出，爱人由"爱亲"而推至"爱人"体现了一种差等的爱，这是一种由近及远，由亲到疏的变化，也是仁由"爱亲"而推及"泛爱众"的一个重要的伦理升华。孔子将"仁爱"推广为"泛爱众"，就是提倡每个人都应拥有一颗博爱的心，爱天下人就像爱自己一样。孔子所说的"博施于民而能济众""四海之内皆兄弟也"，就是把爱博施于众。班主任既要爱自己的亲人，也要全心全意去爱每一个学生。爱学生是班主任职业道德的核心，也是仁爱之心的标志。

3.爱物

所谓"爱物"即"爱自然",指对人类之外的宇宙万物施以爱心。儒家重视人际道德,提倡"仁者爱人",同时也非常重视"生态道德",要求人们"爱物",从而使得儒家的仁爱精神有了更丰富的内涵。孔子仁爱思想体现在人与自然的关系上,其主导观念就是人与天、地、万物的一致性。儒家认为,人类不但要利用自然,而且要热爱和尊敬自然,与自然和平共处,实现"天地万物一体之仁",即人类与自然的和谐发展。

孔子热爱自然、热爱生命。他将仁爱的精神注入自然万物,将人与自然万物连为一体。孔子强调,"知者乐水,仁者乐山。知者动,仁者静。知者乐,仁者寿"(《论语·雍也》)。这就要求人们不仅要爱人,对于物也要给予关注。这正是孔子处理人和自然关系的价值取向。在孔子看来,人与自然是相互依存的,是密不可分的统一整体。人与人之间不仅要真诚相爱,还要把这种情感推广到天地万物,从而去爱护自然界的各种生物,这体现了儒家文化"天人合一"的和谐思想。孟子继承并且发展了这一思想。他提出"君子之于物也,爱之而弗仁;于民也,仁之而弗亲。亲亲而仁民,仁民而爱物"(《孟子·尽心章句上》)。这句话的意思是,君子对于万物是爱惜而不施以仁德,对于人民要施以仁德而不当亲人看待,亲爱亲人而仁爱人民,仁爱人民因而爱惜万物。从这里可以看出,孟子认为爱己爱人是不够的,还应进一步把爱心施与万物,应该由己及人,再由人到物。这说明了孔孟不但重视爱人爱物,而且还把爱人爱物扩展到爱宇宙万物,两者是相通的。作为班主任,爱物既体现为热爱大自然,也体现为对教育事业的热爱。

(二)忠恕之道

孔子从仁爱出发,提出了忠恕之道。忠恕之道是施行仁的根本途径。子曰:"参乎,吾道一以贯之。"曾子曰:"唯。"子出,门人问曰:"何谓也?"曾子曰:"夫子之道,忠恕而已矣。"(《论语·里仁》)忠的主要内容是真心诚意,积极为人;恕则是将心比心,宽恕待人。按子贡的说法为,"我不欲人之加诸我也,吾亦欲无加诸人"(《论语·公冶长》）。忠和恕都是推己及人的施仁方法。

1. 忠

所谓忠，是从积极方面讲，即"己欲立而立人，己欲达而达人"（《论语·雍也》），从自己的"欲立""欲达"出发，进而去"立人""达人"。

2. 恕

所谓恕，是从消极方面讲，就是"己所不欲，勿施于人"（《论语·卫灵公》）。从自己的"不欲"想到别人的"不欲"，因此不能将自己不想承受的强加给别人。《中庸》提到，"忠恕违道不远，施诸己而不愿，亦勿施于人"。这都体现了换位思考的道理。

忠是对自己的要求，表现为一种认真、虔诚的态度；恕是对他人的要求，表现为对他人的尊重、宽容。忠恕之道是仁爱精神的具体化，是行仁之方。正是通过这种"忠恕之道"，才得以把"仁爱"思想从爱亲推广到"泛爱众"。

（三）行五者于天下

子张问仁于孔子，子曰："能行五者于天下为仁矣。""请问之。"曰："恭，宽，信，敏，惠。恭则不侮，宽则得众，信则人任焉，敏则有功，惠则足以使人。"

——《论语·阳货》

恭、宽、信、敏、惠这五个方面是施行仁的条件。

1. 恭则不侮

恭即庄重，是一种端庄、严肃的仪容态度。孔子要求人做到"居处恭"（《论语·子路》）、"貌思恭"（《论语·季氏》），认为庄重就不至于受到他人的侮辱。

2. 宽则得众

宽即宽厚，指待人处事要宽容厚道。正所谓"躬自厚而薄责于人"（《论语·卫灵公》），宽厚就能受到人们的喜爱，得到众人的拥护。

3. 信则人任

信即诚信。"与朋友交，言而有信"（《论语·学而》），诚信就能得到别人的信任。恭和宽讲的是人的修养，但仅仅有修养是不足以在世界上安身立命的。作为班主任，带班前先要修好身。"信则人任焉"，即谁讲信用，谁就会被更多的人任用。

4. 敏则有功

敏就是智慧。"敏则有功"，意思是敏锐、敏捷能够建功立业。人人都想功成名就，但有人做的是无用功，而敏锐、敏捷的人总能在不经意间获得灵感。敏，就是抓住无所不在的机遇。这不仅仅表现在敏锐、敏捷上，还表现在一个人对自己生命的自省和对环境的观察上。孔子强调"仁爱"需要品格高尚，时时想助人，但还需要会助人，有助人的能力与智慧。所以孔子提出，仁者需要"敏"，机敏、智慧地做事，高质量地做事。

5. 惠则使人

惠即慈惠，施行仁慈。"惠则足以使人"，意思是一个人有慈惠之心，面对下属才有足够的资格去使动别人。只有施人恩惠才能得到别人的帮助。人与人之间要互相恭敬，互相尊重。"你敬我一尺，我敬你一丈"；宽厚待人，礼让谦和；彼此以诚信相待。

孔子把恭、宽、信、敏、惠看成是仁德的五个具体方面，也是施行仁应具备的条件。

（四）克己复礼

孔子以克己复礼为求仁之道。《论语·颜渊》载："颜渊问仁。子曰：'克己复礼为仁。一日克己复礼，天下归仁焉。为仁由己，而由人乎哉？'颜渊曰：'请问其目。'子曰：'非礼勿视，非礼勿听，非礼勿言，非礼勿动。'"在孔子看来，一切按照礼的要求做，就做到了仁，实行仁德完全靠自己，也就是不合于礼的不要看，不合于礼的不要听，不合于礼的不要说，不合于礼的不要做。这表明，礼的形式是由仁来规定的，仁是礼的基础，礼是仁的形式。仁是内在的，礼是外在的，二者密切配合，融为一体。克己复礼包括了两个方面，克己是个人修养的功夫，复礼是这种修养的标准和要达到的目标，孔子希望通过道德修养，使人们自觉遵守礼的规定。

二、班主任之仁

> 子曰："君子怀德，小人怀土；君子怀刑，小人怀惠。"
>
> ——《论语·里仁》

孔子说，君子心怀的是仁德，小人则怀恋乡土；君子关心的是刑罚和法度，小人则关心私利。儒学中的"仁"，从本质上讲，是一个人内心修养的真功夫。人的思想是抽象的，是最难把握和控制的。人随时都可能产生各种各样的念头。私心私欲太多，内心自然无法平静，无法将精力集中到要从事的事情上去。克者，胜也。古今成大事者，都能够很好地克制自己的私心私欲。班主任是立教之本、兴教之源，承担着让每个孩子健康成长、办好人民满意的教育的重任。班主任作为学生的引路人，更应克制自己的私心私欲，把"立德修身"放在首位。

（一）"内修"是根本

私心私欲是一种心念，克制私心私欲需由"内修"开始。只有当个人道德修养提升、胸襟开阔后，才能从根本上克制私心私欲。中华传统文化中关于"内修"的知识极其丰富，尤其是儒家学派。儒家的"内修"既概括了道德修养的完整体系，同时还为指导人们提升道德修养提出了许多具体可行的方法。班主任应多阅读相关书籍提升个人修养。然而，知"礼"需要逐渐培养，内心修为提高不是一朝一夕就可达成的。因此，班主任需长期注重个人修养的提升。

（二）"爱生"是核心

仁爱作为儒家思想的核心，是中华五千年文化的最佳底蕴。教育的很大作用在于文化的传承，而班主任作为文化的传播者，仁爱这一思想应印刻在班主任角色的方方面面。弘扬仁爱精神，是班主任德性的体现。"爱生"是班主任仁爱精神的核心，具有仁爱之心的班主任往往会有以下三种"仁"之貌相。

1."无我"之仁

《论语·子罕》中记载："子绝四——毋意，毋必，毋固，毋我。"朱熹认为，这里的"毋"有误，应当依据《史记》中的记载作"无"，因为"圣人绝此四者，何用禁止"。这样看来，"毋我"即是"无我"。

有爱心的班主任往往是"无我"的，仁爱之情所指向的其实是作为"他者"的儿童。"他者"理论的实质，是一种为他人着想的哲学。也就是这种对他人无条件的爱，让班主任实现了自我主体性的跃升，以此具有了"无我"之貌相。班主任要实现具有人文伦理精神的对儿童的爱与责任。建立此观念的前提，是要破除以自我为中心的念想，而建立"无我"之貌相。当班主任始终站在儿童立场，教育的视角才会更加全面与通透。"无我"貌相的班主任会进入宠辱不惊、去留无意的教育境地，对学生施展真正的"仁爱"。

2."护生"之仁

仅有"无我"之貌相是不够的，班主任还应该要有"护生"之仁。子曰："志于道，据于德，依于仁，游于艺。"（《论语·述而》）孔子认为，教育是依傍于仁的。也就是说，道与德如何发挥，在于对人、对物有没有爱心。有了爱心，才会爱人、爱物、爱社会、爱国家、爱世界，进而爱全天下。这是仁的发挥。"依于仁"然后才能"游于艺"。"游于艺"的"艺"即"六艺"，包括礼、乐、射、御、书、数。孔子当年的教育以"六艺"为主。有"护生"之仁的班主任能够做到让班上的学生心有所安，学有所乐。有"护生"之仁的班主任对学生是有真感情的，将学生看作是自己的子女一样来对待，正所谓"视徒如己，反己以教，则得教之情矣"（《吕氏春秋·诬徒》）。

3."谛听"之仁

子曰："听讼，吾犹人也。必也使无讼乎！"

——《论语·颜渊》

孔子说，审案子时，他就像案中人一样客观，力争客观公正，使得大家最后都心平气和，不再争讼。他认为，审案子要分别从诉者和被诉者的角度来理解他们的诉求。从大的层面说，治国要教化民众，使得民不争讼。

班主任不仅是言说者，还是谛听者。真正的谛听，需要做到清空自己提前设定好的标准，将成见搁置起来，把自己设身为"案中人"的角色，存而不论，敞开心扉，拥抱学生，才能真正听到学生内心的声音。

真正的谛听需要班主任充满仁爱的情感与态度，以此来帮助班上的学生拥有直言的能力与胆量。判断班主任是否具有"谛听"之仁的重要标准，就是观察这个班的学生是否敢于直言。班主任在教育的过程中不仅要鼓励学生敢于说真话，敢于表达自己的想法、见解与观念，更要拥有谛听直言的胸襟与雅量。

（三）"三要"是途径

1.眼要正

所谓眼正，就是对人要平等看待；对事，实事求是看问题，不能因自己的私心私欲而产生偏见。特别是对学生，班主任切勿以偏概全，产生偏见。对优等生，班主任容易更多地关注他们的优点和长处，还可能将其不断放大，对他们的缺点则极易忽略或采取宽容袒护的态度。对学困生，班主任容易注意他们的缺点，而忽视他们的进步和优点，特别是当学困生的某一缺点或问题很明显时，可能会人为赋予他们许多不好的品质。

2.耳要聪

班主任应善于听取各方面不同的意见和建议来克制自己的私心私欲。在班上，既要听取优等生的正确意见，也要接受学困生的合理建议；在学校，既要恭听领导的意见和要求，也要善听其他教师的劝告和忠言；在社会上，不要只注意听"有来路"家长的要求和评价，更要多听听其他家长的意见和呼声。

3.心要宽

"宽则得众"（《论语·阳货》），宽厚能得到众人的拥护，但是做到宽厚很不容易。古诗有云，"眼内有尘三界窄，心头无事一床宽"，意思就是说眼睛如果被尘埃蒙住，就是给你三界你都会觉得活得很郁闷，但要是心头无事，坐在自己家的床上你也会觉得天宽地阔。当你怀着一颗恭敬之心，抱着一种宽和的态度去对待他人的时候，不仅可以得到对方的尊重，同时还会得到别人的肯定。班主任要有坦荡的襟怀和博大的度量，该容忍的要容忍，该谦让的要谦让，如果缺少气量、心胸狭窄，是不能克制私心私欲的。遇到家长的误解要体谅，这是厚道；遭到学生的顶撞要宽容，这是善良；面对自己的缺点错误，要勇于承认和改正，这是高尚。

做到了以上几点，就基本做到了"仁"。一个有仁爱之心的班主任，能够让学生在成长的道路上少走弯路。作为学生成长道路的领路人，班主任应不断修炼自己的仁爱之心，成为一个心中有仁、心中有爱的班主任。

第三节　勇

一、勇之内涵

"勇"字在《论语》中出现了10余次，孔子将"勇"作为君子的德行之一。勇的基本含义是，有胆量，敢于做。它可以进一步诠释为勇敢、勇毅、勇气、勇士、英勇、奋勇。勇，是一种为善的行动力。勇于力行，使自己表里一致。"勇者不惧"是毫不畏惧地去做一件正确的事。"勇"这种品格和其他品格的重要区别就在于，它是一种行动品格，但这种行动又不是毫无章法地乱为，而是要按道义行事。"见义不为，无勇也。"（《论语·为政》）此处的"勇"所倡导的是见义勇为。见义勇为并非只是舍己为人的一种英勇行为，它更指坚持并勇于将想法付诸行动的勇气和遇事当断则断的魄力。从心理学角度来说，这是个体意志中的果断性和具有积极主动性的心理特征相结合而产生士气的状态。见义勇为是在工作、生活中，把道义的要求作为言行取舍的标准，将义放在利前面，应该做的就做，勇于坚持"义以为上"的原则。

子曰："仁者必有勇，勇者不必有仁。"（《论语·宪问》）从这里能看出，孔子将勇和仁看作相融相生的两种道德境界，以仁为基础的勇，是儒者之勇，也谓德勇，区别于小人之勇。在历史发展的洪流中，涌现出很多勇者，有些是残害生灵、暴虐无道之勇，这是不仁不义反道德的私勇，是小人之勇。子路曰："君子尚勇乎？"子曰："君子义以为上，君子有勇而无义为乱，小人有勇而无义为盗。"（《论语·阳货》）无论是君子还是小人，有勇而没有义的约束，对社会而言都有害无益。

而孔子本身就是一位勇敢且意志力极强之人，他代表弱小的鲁国在"夹谷会盟"中敢于面对强大的齐国，挺身制止了齐景公的企图，使鲁国在谈判中取得胜利，打破了弱国无外交的惯例；他恪守政治道德，敢于对各国诸侯说不；他在困于陈蔡七天绝粮有生命之忧时，依然弦歌不止，实为勇毅之士。

二、班主任之勇

班主任是班集体建设的领导者和组织者，这样的身份赋予他们更多教育的权利，也使他们担负起更多的教育责任。所谓"勇者无惧"，班主任的自我内修和行为示范都离不开德勇这一精神品质。从《论语》对德勇的诸多描述中，可以总结提炼出班主任德勇的三大具体表现：利天下的君子之勇，守道德的知耻后勇，带班级的智慧之勇。班主任的德勇，是挑战自己的勇气，是克服障碍的勇气，是克制私欲的勇气，是明辨是非不逾矩的勇气。如能对照这样的标准修炼自身，并有所收获，那这样的班主任就可谓是堂堂正正、坦坦荡荡、卓然而立的君子了。

（一）君子之勇

子路问君子，子曰："修己以敬。"曰："如斯而已乎？"曰："修己以安人。"曰："如斯而已乎？"曰："修己以安百姓。修己以安百姓，尧、舜其犹病诸！"

——《论语·宪问》

子路问孔子，什么叫做君子，孔子就说："修养自己，保持严肃恭敬的态度。"子路说："这样就够了吗？"孔子说："修养自己，使周围的人安乐。"子路追问："还有呢？"孔子回答："修养自己，使所有百姓都安乐。修养自己使所有百姓都安乐，尧、舜大概都担心很难完全做到吧！"孔子认为，修养自己是君子立身处世和管理政事的关键所在，只有这样做，才可以使老百姓得到安乐。所以，孔子的修身，更侧重于治国平天下。

孔子是万世先师，是站位高远、心怀天下的君子。后来人在解读《论语》时提出的"志士不忘在沟壑，勇士不忘丧其元""君子儒者以利天下为己任""君子泛爱众人，以天下为公"的思想，与孔子"志士仁

第一章 修己安人

人，无求生以害仁，有杀身以成仁"的精神是一脉相承的，也是孔子高远志趣的一种体现。因为他有博大的胸怀，所以他的言行都以利天下为己任。孔子为了实现自己的远大抱负，周游列国，他的一生充满了漂泊的苦涩以及难以咀嚼的酸楚，虽一直没能受到重用，但孔子却能以博大的胸怀与现实和解。他志于报国，却也能退而授教于弟子，他敞开双臂接纳每一位弟子，在传授知识的同时，也收获了人生的另一种喜悦。

教育是有着高尚灵魂的伟大事业，是真善美的事业，是培育下一代的事业。班主任是教育事业里最神圣而光辉的人，需要极其坚定的信念和无穷无尽的力量，才能把握住教育的罗盘。班主任倘若对教育事业缺乏正确认知，仅仅把它当作一份赖以生存的工作，就容易迷失方向。没有方向，教育就失了魂。班主任不可囿于带班一隅，必须明白自己为何而教，为谁而教，把儒家的高洁志向、家国情怀根植于心中，把教育当作伟大的事业，才能坚定理想、丰沛精神，在教育路上坚定勇敢地走下去。

1. 有坚持教育真理的勇气

"士不可以不弘毅，任重而道远。仁以为己任，不亦重乎？死而后已，不亦远乎？"

——《论语·泰伯》

"志士仁人，无求生以害仁，有杀身以成仁。"

——《论语·卫灵公》

这里"杀身成仁"体现的是孔子所提倡的殉道精神。君子必须要有宽广、大度与坚强的品质，因为自己责任重大，道路遥远，所以必须要有坚定的勇气和高远的情怀。

"求真"是一件极其不容易的事，需要巨大的勇气。教师是灵魂工程师，更是教育真理的实践者。经历时间淬炼和万千教育者实践而得出的教育真理是不变的，但当时代的发展不断向教育提出崭新的命题，如若缺乏坚持真理的定力，必将在各种教育理念碰撞的洪流之中随波逐流或被狠狠抛下。热爱学生，忠于教育，对教育事业表现出充沛的精力和坚定的毅力，对学生表现出满腔的热情和真挚的关怀，这就是孔子通过

《论语》向我们传递的教育真理。虽然跨越千年，但他的这些具有方法论意义的真理格言，已成为一个优秀班主任不可缺少的"营养"。我们应当恪守这些教育真理，胸怀理想，才能掌握在教育之路上经受考验、持之以恒的精神密码。

2.有守住教育初心的勇气

子曰："弟子，入则孝，出则悌，谨而信，泛爱众，而亲仁。行有余力，则以学文。"

——《论语·学而》

孔子以"仁"为核心，诲人不倦，引领弟子格物、致知、诚意、正心，修身、齐家、治国、平天下，用一生躬身践行了自己的初心。

作为新时代的教育者，我们的初心又是什么呢？党的十九大提出了"落实立德树人的根本任务"。由此可见，坚持立德树人，培养全面发展的社会主义合格建设者和可靠接班人，是我们教育者应坚守的初心。"十年树木，百年树人"，教育绝不是一朝一夕的工作。习近平总书记在曲阜考察时说："国无德不兴，人无德不立。"班主任一定要有大情怀，心里应始终装着民族和国家，对教育事业充满敬畏，心怀教育理想，坚定教育信念，与时俱进，学习党的教育方针政策，于长远处着眼，于细微处着手，才能将立德树人的根本任务落到实处。

3.有传承师道匠心的勇气

孔子是中华师道理论的创始人，也是践行中国师道的楷模。孔子一生践行了以文化身，以身为教，承前启后，继往开来的师道精神。子曰："默而识之，学而不厌，诲人不倦，何有于我哉？"（《论语·述而》）不断学习和不倦育人是教师之本职，班主任应经常阅读专业书籍，积极参加研修活动，提高综合素质，改进教育方式和教学方法，及时进行归纳总结，凝炼育人智慧，提升业务水平。"学为人师，行为世范"，重温师道内涵，传承师道匠心，班主任要在平实和丰富的教育工作中磨炼自己，敬业乐业，勇于创新，勇于面对挑战，勇敢担负起新时代班主任的使命与责任。

（二）知耻后勇

行己有耻，有所不为。中国传统的儒家文化讲究"耻"，耻即行己有耻，做人做事有所不为。子贡问曰："何如斯可谓之士矣？"子曰："行己有耻，使于四方，不辱君命，可谓士矣。"（《论语·子路》）"道之以德，齐之以礼，有耻且格。"（《论语·为政》）羞耻心是做人的底线，是道德自律的基础，有耻才能有所不为。人而无耻，就会无所不为，所以人不可以无耻。

孔子提出"古之学者为己，今之学者为人""行己有耻"。把这种精神概括为"为己、有耻"。子曰："好学近乎知，力行近乎仁，知耻近乎勇。"孔颖达疏："'知耻近乎勇'者，覆前文'困而知之'，及'勉强而行之'，以其知自羞耻，勤行善事，不避危难，故近乎勇也。"（《礼记正义·中庸》）知耻近乎勇，增强了分寸感。知耻而不改，只能是'近乎'，并非真勇；知耻而改，才是真勇。知耻，是中国人道德的基础，也是当前道德建设的根本问题。知耻而后勇，是提高中国人文化自觉的根本。

修己有一个前提目标，就是班主任要善于发现自己的不足之处，并勇于知耻而改过，这就是不断完善自我的过程。有羞耻之心，能够不去做会招致耻辱的事情，做到人格上没有污点，或者做了错误的事情能够从内心感到羞愧，从而改正错误且不再重犯，这样就接近于勇了。或者至少可以说，有敢于反思否定自身思想行为以及改过迁善的勇气。孔子认为，勇于改过是能勇于反思自己的行为，做到"不迁怒，不贰过"。这说明，有道德修养的人其可贵之处不在于不犯错误，而在于有过改之，不再犯。人们之所以不能承认自己的过错，正视自己的缺点，症结往往在于缺乏必要的勇气，不敢面对自己的过，而是处处掩盖、文过饰非。实际上，这就是一种懦弱的表现。它不仅显示了一个人勇德的缺乏，更不利于个人德性的养成与发展。"知耻"是一种自我意识，是辨别是非、善恶、美丑的心理基础，有了正确的道德判断，才有可能积极做出正确的道德行为。

子路问成人，子曰："若臧武仲之知，公绰之不欲，卞庄子之勇，冉求之艺，文之以礼乐，亦可以为成人矣。"（《论语·宪问》）孔子认为，仅有卞庄子刺虎之勇还不够，还需用礼乐加以修饰，要接受礼的节制。用现代话语来说就是，勇，必须不违反法律和道德。不然，"勇而无礼则乱""好用不好学，其蔽也乱"。在《论语》中，孔子所强调的德勇是受到礼、义、仁、学约束的，没有约束的勇可能会成为乱的根源。因此，勇于克制自身道德弱点是教师的自我认同与自我完善的重要部分，班主任在工作中需要勇于克制私欲不贪心、克制急躁不抱怨、克制恶语不伤人、克制自我行为不逾矩。

1.克私欲

"克、伐、怨、欲不行焉，可以为仁矣？"子曰："可以为难矣，仁则吾不知也。"

———《论语·宪问》

好胜、夸耀、怨恨、贪欲是人的本性，孔子认为做到不好胜、不自夸、不怨恨、不贪欲不等于勇，只能说创造了勇气觉发的条件。要"克制"内心的"克、伐、怨、欲"，并非朝夕之功。勇作为一种内在的德行，是己之内心所修养者，儒家讲究需先内求诸己，而后方才外示诸人。

班主任每天面对着几十名个性千差万别、思想还未完全成熟的学生，难免会有各种不良心理与情绪，产生求满、同一、好胜等诸多私欲。那如何克制私欲呢？班主任要在思想深处确立起这样一个观念：纠正学生不良习惯或错误行为，是一项长时间的艰苦"工程"，要做好"长期作战"的准备。当班主任面对层出不穷的令人愤怒的事情时，难免会有情绪爆发的时刻。这时，一味地自责、苛求自己并不能解决问题，要学会善待自己，接纳现实，放松"绷紧的弦"，积极解决问题。优秀班主任还有一个共同点——理解，理解他人当时的想法，理解他人现阶段的需要，理解他人真实的生活。从"心"出发接纳学生，仁心多了，"克""伐""怨""欲"就少了，自然而然地就克制了"私欲"。

2.不抱怨

子曰："躬自厚而薄责于人，则远怨矣。"

———《论语·卫灵公》

孔子认为，严厉地责备自己而宽容地对待别人，就可以避免别人的怨恨了。班主任事务繁而杂，不如意之事十有八九，不可避免地会遇到令自己抓狂的人或事，而归因的方式直接关系着问题解决的方式和效果。孔子强调，"躬自厚而薄责于人"才能"远怨"。能对自己严格要求，对别人宽容以待，就不会招来怨恨。而遇事"行有不得，反求诸己"，从自身寻找原因，自然也无暇怨恨他人。

因此，班主任首先要保持自我反省的良好习惯，这种素养有利于第一时间发现自身萌发出的不良情绪，并及时做出自我调整。其次，要审视自己对事件本身的看法：是不是太在意别人对自己（或班级）的看法？班主任的自我要求是不是完全合理？发一次脾气，对事件的发展有好处吗？对自己的班级管理有帮助吗？有没有让个人的班主任形象变得更好？当下班主任的情绪反应对师生之间的关系有没有正向促进作用？并通过理性的分析与思考，逐渐让自己对事件本身的看法变得更加成熟，进一步也让自己的情绪变得更加冷静。最后，尝试改变自己对事件的看法。通过站在不同角度和立场进行分析与思考，做到对他人少一些苛责，多一分理解。已经发生的事情没有"如果"，更有效的办法是避免陷入焦虑型、强迫型、妥协型的错误思维方式，以理性、客观为基本前提，找到一个更好的解决问题的办法。

不抱怨，是温柔而坚定地与自己和解，在家无怨，在邦无怨。不抱怨，是心平气和地做自己，诚于中，行于外。心平气和的力量来自于内心。听从内心的声音，听天命，听学生成长规律，听育人规律，听老祖宗传承千年的经典。

不抱怨，是善于做减法：想要的不要太多，主动减少外在压力，不被周围环境所左右。

不抱怨，是学习合作：与同事一起营造一种克服急躁的工作团队文化。

不抱怨，是学会远离：学习孔子外圆内方的处事之道，给自己一个心理底线，听到他人抱怨时，但凡超过三五句就及时转移话题或远离这种环境。

3.克恶语

子曰："巧言乱德。小不忍，则乱大谋。"

——《论语·卫灵公》

孔子说："花言巧语能败坏德行。小事不能忍耐就会扰乱大事情。"忍，在告诫人言语克制，能够克制自我的语言，在伤心时言语平静，在愤怒时言语清醒。慎言是一种修养，是一种智慧，是一种责任。言语可以化解矛盾、温暖人心，也可以煽动情绪、引发冲突。

班主任的一言一语都对学生有重要影响，用恰当的语言准确表达、有效沟通是班主任工作最基本的技能。但在实际工作中，往往会有负面情绪爆发的情况，越是如此，越是容易激发班主任的过激言论。所谓疾言厉色，就是言语中出现指责、抱怨、憎恶、烦厌等情绪。当这样不恰当的语言已出现，班主任解决问题的公正性和说服力就会大打折扣。即使班主任平复了情绪，柔和了语言，问题得以解决，但无论是班主任还是负面情绪的接受者，都会因这件事情受到不好的影响。

班主任的教育语言不能唯我独是，与学生、家长、科任教师对话，都需以尊重为前提。当班主任使用尊重孩子的语言，那么有效沟通的大门便敞开了。当师生就事论事，不给他人贴标签，不做预判，用客观的方式表达，自然可以有效沟通，赢得师生的合作。班主任在工作中时刻记住用尊重、客观的态度和学生沟通，克制自我言语，师生沟通将会更加有效。

4.不逾矩

子曰："克己复礼为仁。一日克己复礼，天下归仁焉。"

——《论语·颜渊》

孔子说："克制自己，按照礼的要求去做，这就是仁。你一旦这样克制自己，按照礼的要求去做了，天下的人就都赞许你是仁人了。"班主任的仁心表现在管理学生时克制自我行为不逾矩，这样才能给班级带来更好的凝聚力，从而在学生心中树立良好的形象，使班级管理工作更加得心应手。

自我克制是班主任取得威信、取得成功的法宝。克制，意味着"妥

第一章 修己安人

协"。当一个学生犯错误的时候，他们可能在你面前表现得不屑一顾，甚至对你大吼大叫。这时，班主任要克制住自己的行为，冷静、冷静、再冷静。看似"妥协"，实则是以柔克刚。如果这个时候大发雷霆、盲目地处理问题，往往会造成学生更强烈的逆反心理，甚至会造成师生双方对立，使事情陷入僵局，班主任的工作也无法开展。子曰："小不忍，则乱大谋。"可见孔子把克制看作人生智慧。

克己，蕴含着宽容。克制并不意味着放弃原则。班主任为了达到主要目标，可以在次要目标上适当克制，适当让步。学会克制也就拥有了一种美德。当班主任与学生遇到一些矛盾和难以解决的问题时，克制将是一种最好的沟通方式。自我克制五大法宝：多想他人的"好"，常怀宽容的心，快速转移注意，面带真诚的微笑，耐心倾听他人的"声音"。豁达开朗的心胸能将班主任暗含的期待信息微妙地传递给学生，使学生受到感染，得到鼓励，实现师生的"双赢"！

（三）带班级之勇

犁弥言于齐侯曰："孔丘知礼而无勇，若使莱人以兵劫鲁侯，必得志焉。"（《左传·定公十年》）齐鲁夹谷之会，齐人想用兵力劫持鲁侯，谁知孔子拿出他那不畏强御的本事，吓退了对方。又如孔子反对贵族政治，实行堕三都的政策，若非怀有大勇，安能如此。孔子的言论中，说志、说刚、说勇、说强的最多，如"三军可夺帅也"，这是教人要具有顽强的抵抗力，主意一定，便不为外界所动摇。对于班主任来说也是如此。班主任在带领班级时，面对问题，也要有坚持真理道德、勤勉力行、积极进取、当仁不让、无所畏惧的魄力和勇气。

1.勇于求知

在本章节第一部分就提到，班主任的修己，需要保持一颗好学、好求知的心。而勇于求知，强调的是探索新知、敢于创新的勇气，当"真知"逆行，有坚持真知的定力。可以说，一颗勇于求知的心是一个人修炼德行的基础。"水无常形，兵无定法"，这里所讲到的求知，指的是班主任要有勇气去探求一些在个人的认知以外的知识，并敢于突破固有观念，开拓创新。所谓"一把钥匙开一把锁"，班主任面对班级中不同的学生，教育之法也应各异。勇于求知，所以懂得胸怀仁德的意义，在面对道德两难问题时，才能用清醒的头脑辨别是非，坚持正确的判断。班主任在班级中是行为示范的榜样，保持勇于求知的状态，不仅是对自我认知的一种完善，也是一种行为示范的力量。

勇于求知的班主任，首先要有勇于自我认知的勇气，要具备坚定不移的信念，坚信自己能做好班主任，进而在面对困难时不断挑战自己，甚至具有挑战权威的勇气。班级管理工作通常是细碎杂糅的，就算曾经有一颗想要创造一番成就的炽热初心，也很容易在日复一日年复一年的琐碎中趋于平淡。班主任要重拾热情，必须要有自我欣赏的勇气，要有不松懈、不服气的韧劲儿。

子曰："君子不器。"（《论语·为政》）君子是孔子心目中具有理想人格的人，非凡夫俗子，应该担负起治国安邦之重任。对内可以妥善处理各种政务；对外能够应对四方，不辱使命。所以，孔子说，君子应当博学多识，具有多方面才干，不只局限于某个方面。因此，他可以通观全局、领导全局，成为合格的领导者。班主任不应该只具备某一方面的才干，而必须肩负起育人使命，勇于革新自我认知，虽是天底下最小的"官"，但是班主任担当的使命是伟大而光荣的。

2.勇于共情

共情是指能够深入他人的主观世界，了解其感受的一种能力，也称"将心比心"。通常，人们会把共情认为是对待他人的一种情感能力，但其实共情的基础是个人情感的修炼和完善。一个拥有共情能力的人，可以为自己的内心赋能，再通过环境影响、自我认知、角色体验等给予他人成就自己的能量，最大限度地发现成长的意义和自身的潜能。比如，班主任们可以在自我认知、交往沟通、探索创造等方面更好地认识世界和自我，展示勇气和自信，战胜自己和挑战，超越平淡与平凡，使持续的内生性发展成为可能。班主任要勇于与学生共情，抛开权威，勇敢地坚定学生立场，了解学生，读懂学生，做"和善而坚定"的老师。

勇于共情指能够体谅他人的心情、立场，但对于来自外界的负面情绪切忌"照单全收"，这和前文提到的"不抱怨"是相似的，要做到不抱怨，班主任需要修炼一种与工作自洽和与人相处的能力，为人处世讲究外圆内方，班主任不光要勇于凭借"知"来解决问题，更要凭借情感来化解问题。外圆内方的处世之道，指的是内部讲究为人之原则，外在讲究处事表现方式之柔和。当与人沟通时，听到来自同事、家长、学生的抱怨，可以选择转移话题、撤离当时的环境等策略来让自己脱离生成负面情绪的环境。此外，班主任还要学会减少外在压力，减少与他人的相互比较，减少个人需求所徒增的烦恼，善于做减法，避免过多地被周围环境所左右，尽可能地使自己远离与人相互比较的环境，回归教育初心，从而消除烦恼，心平气和。这样的心境对于班主任共情来说也格外重要，心平气和不同于无欲无求，而应该是阅尽千帆后的充盈与平和，它应该是一种由内而外的力量。班主任要懂得知天命、尊重事物发展的规律、听从学生成长的规律，对学生可以有所要求，但不能超过他们身心发展的速度，所以班主任应该不去为不能达成的事情感到焦虑，放平心态，接纳问题的存在。

3.勇于行动

勇气并非一定外化于形象，像孔子一样的儒者并不是一个整天板着脸说教伦理道德的严师，而是一个勇于行动的教育者，会明知"不可为而为之"。他是一个言笑晏晏的老者，拥有和普通人相同的喜怒哀乐。作为一名老师，孔子相当有性情，他毫不掩饰对某个学生的喜爱。季康子问他谁最好学，孔子毫不犹豫地告诉他："有颜回者好学，不迁怒，不贰过。不幸短命矣，今也则无。"（《论语·雍也》）颜回死，孔子大哭："天丧予！"他很直接、严厉地批评不思进取的学生宰予："朽木不可雕也！粪土之墙不可圬也！"（《论语·公冶长》）在公共场合，孔子彬彬有礼；可燕居在家时，却是"寝不尸，居不容"（《论语·乡党》），并且"申申如也，夭夭如也"（《论语·述而》）。可见，他既有圣人一样的智慧与品质，也有表达自己如常人一般情感的勇气。勇于行动并不是要班主任故作深沉，也不是要班主任和学生亲密无间、不分你我，作为学生在学校的"第一责任人"，班主任要具备勇于行动的责任感，勇于承担起班级管理的大小事务，在问题和困难面前不退缩，有冲锋在前的勇气；同时具备面对来自学生、家长、领导乃至社会的各种压力的自信和勇气。这是一种应对事务的能力，更是一种班主任需要练就的带班魄力。

孔子的为师风范，仍是现今班主任应当努力追寻的目标。带班级的勇气不是一项可以活学活用的技术，每临大事，班主任应该拥有沉着应对的静气与定力，它源自班主任对自身的认同和不断完善。只能教书，不懂得教育管理，是不完善的班主任；只有管理经验，而缺乏教育思想的班主任，也是不完美的班主任。"教师的思想有多远，就能走多远"。关注自己的心灵，激发自身的潜能，做善于思考、善于总结的班主任，更要勇敢地自我完善，才能真正接纳自己、尊重自己，接纳他人、尊重他人。

第四节 知仁勇——完美班主任的自画像

子贡曰："夫子温、良、恭、俭、让以得之。夫子之求之也，其诸异乎人之求之与？"

——《论语·学而》

在弟子眼中，孔子是一位完美的老师，他举手投足间都显示着君子的风度。孔子的境界令人高山仰止，羡慕不已。总有人认为，圣人境界，非凡人之可及。但事实并非如此，只要我们在修己安人的过程中不断完善和提升自己，就有机会成就君子之道。

"知、仁、勇三者，天下之达德也。"知者不惑，仁者不忧，勇者不惧，孔子认为具有这三种品格的人就能称之为有德行的君子了。"知、仁、勇"是既相互独立，又相互作用的三种品格，它们构成了君子品格的基础。当然，通过不断学习修炼智慧，通过不断行善修炼仁心，通过不甘人后的前进修炼勇气，在生活中和工作中不断求知、力行、知耻，渐渐完善自己的知、仁、勇三种品格，养成良好性格，这也是班主任修己的最高境界。班主任在修智慧、修仁心、修勇气的过程中不断完善自己，成为"智者""仁者"和"勇者"。同时，在日常的生活中班主任也应多注意自己的仪态，处处以适度为准，不显得过于随便，也不要过于刻板生硬，言语行动既要让人感到亲切，又要让人感受到为人师者的威严，积极塑造一个既亲切又威严的形象。久而久之，我们也能展现出与孔子一样的风采。在《论语》一书中，有许多关于孔子修己的描述，因此我们才能在两千多年之后通过这些文字勾勒出万世先师的形象，这样平实、圆满、慈祥、和蔼、循循善诱的形象，就是完美班主任的自画像。

班主任不仅要修养自己，还要"己欲达而达人"。在修炼自身的过程中，班主任应尽所能地帮助学生、家长、科任教师。以利天下为己任的胸怀，去为教育理想而奋斗，是每一个班主任应有的追求。

有朋自远方来 不亦乐乎

第二章

以学带班

　　《论语》以"学"开篇，"学"者，觉也，指觉悟、明了。子曰："十室之邑，必有忠信如丘者焉，不如丘之好学也。"（《论语·公冶长》）孔子认为，只有十户人家的小地方，其中也一定有像他这般资质忠信的人，只是没有像他那般好学罢了。所谓"玉不琢，不成器，人不学，不知道"，学可以至圣人，不学不免为乡人。孔子的一生亦是不断求学、追求理想的一生。子曰："吾十有五而志于学，三十而立，四十而不惑，五十而知天命，六十而耳顺，七十而从心所欲，不逾矩。"（《论语·为政》）孔子自十五岁立志于学开始，一生坚持学习，直到老年，犹是"发愤忘食，乐以忘忧，不知老之将至"。后世"学生"皆应以孔子为榜样，勤学不辍，通过努力学习而达到圣人所在的境界。

　　著名哲学家李泽厚先生说："学者，学为人也。""学"不仅是获得学识的方法，也是个人累积道德的途径，更是班级通往优秀的门道。班主任应始终以学生的长远发展为目标，追求学生真实而有个性的成长，在引领学生学会学习、学会做人的过程中，建构学生对"学"的认知，启迪智慧、培养德行、充实精神、生长活力，最终将个体精神风貌凝聚成班级的精神文化，营造健康向上的班级生活。

　　本章从"学"出发，以"学"的内涵、"学"的态度、"学"的方法三个板块入手，阐述了班主任学《论语》、知《论语》、用《论语》的点滴智慧与收获。

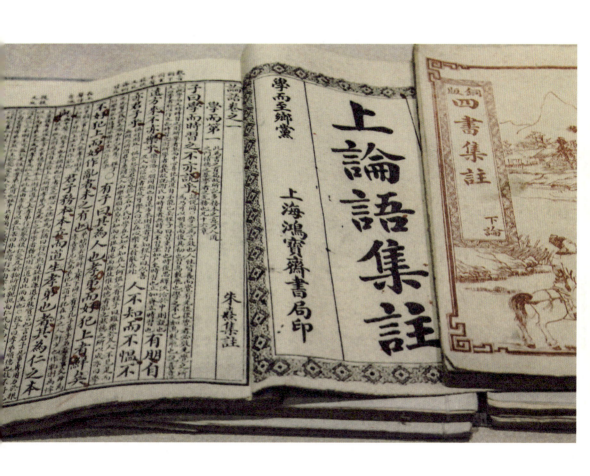

第一节 志道据德 依仁游艺——"学"的内涵

"学"，贯穿了人一生发展的始终，是提升个人修养、形成健康人格的必经之路。纵观《论语》之"学"，共计60余处，大致有两种含义：一为学道，即为人之道。子曰："志于道，据于德，依于仁，游于艺。"（《论语·述而》）"志于道"指立志追求为人之道，即做人的道理。二为学习文化知识。《论语》开篇即道："学而时习之，不亦说乎？"学习知识并且适时地去实践、练习，这不是一件令人愉悦的事吗？

王阳明先生说："志不立，天下无可成之事。"无志不成学，坚定的理想和信念是每个人努力奋斗的目标，是成长路上的精神支柱，是我们生命的终极追求。孔子十五岁便立下志向要做学问，并终其一生为之奋斗。由此可见，立志是一个人学习和道德修养的起点，是"学"的基础和重要内容。

一、志于学

子曰："吾十有五而志于学，三十而立，四十而不惑，五十而知天命，六十而耳顺，七十而从心所欲，不逾矩。"

——《论语·为政》

孔子说："我十五岁有志于学。到三十岁，能坚定自立了。到四十岁，我对一切道理能通达不再有疑惑。到五十岁，我能知道什么是天命了。到六十岁，凡我一切听到的，都能明白贯通，不再感到心有违逆。到七十岁，放任我心所欲，也不会有逾越规矩法度之处了。"这句话是孔子自述其一生通过学习在不同的年龄阶段所达到的境界。回顾孔子一生中不同年龄阶段的学习能帮助我们领悟"学"的真谛。

孔子生活的春秋时期礼崩乐坏，国家没有具体教化百姓的措施。贵族子弟一无所长却能世代为官，平民子弟要想进入上流社会必须习得

"六艺"，才可能获得进身之阶。子曰："吾少也贱，故多能鄙事。"（《论语·子罕》）孔子家族本为王族之后，奈何家道式微。少年时期的他和母亲相依为命，母亲去世后，他参加鲁国执政大臣季武子在家中的宴会竟被管家阳虎刁难，管家怀疑和否认他"士"的身份。在此环境之下，孔子十五岁开始有志于学，学习谋生之道和谋士之道。二十岁谋得官职后，孔子的人生、能力、政绩得到了充分地展示和肯定。这一时期，是孔子立志于勤奋学习，初具立身处世的各种知识和才能的时期，也是孔子学习为人处世、做人之道的时期，开启"觉"之道。此时的"觉"是道的觉醒、生命的觉醒、人的觉醒。

（一）立志于学习

孔子喜好古代文化，因此勤敏地求取知识，整理古典文献，修《诗》《书》《礼》《乐》，作《春秋》。他不仅从书籍中学习，也向周围的人学习。传言孔子向老聃问礼，向苌弘访乐，向郯子问官，向师襄学琴。孔子的一生都在广泛地求索学习，并且"学而不厌"，对知识的汲取永远不会满足，所以，达巷党人说，"大哉孔子！博学而无所成名"（《论语·子罕》）。

学生学孔子，应首先学他"志于学"。一是立志于学习做人做事的道理，重视思想和价值观方面的引导，善于发现身边值得学习的榜样并为之不断努力。二是立志于学习广博的文化知识。人类的文明史和发展史是点点星光的传承，汇聚成为宇宙中耀眼的星际。每个人都应该认识到自身肩负传承中华文化的责任，主动钻研，刻苦求知。三是立志于学习做人做事的规矩。"君子博学于文，约之以礼，亦可以弗畔矣夫！"（《论语·雍也》）人应博学多才，不仅从书本上广求知识，还要以世间最正大的道理为纲维，行为才不会有过失。面对形形色色的名利等诱惑，只有内心主动地立志于学习做人做事的规矩，有警戒心、敬畏心，才能在人生的岔路口做出正确的选择，走好人生的道路。

（二）立志于成仁

孔子力求恢复周礼，源于他所生活的"天下无道""社会无序"的时代，人们盲目遵循外在的礼节形式，忽略了"礼"的内在价值。而社会的稳定不仅需要明确的外在形式以规范秩序，更需要形式背后的本质。作为内心层面的规范之"仁"，是孔子为"礼"所寻求的内在本质。"仁"的提出，将僵化、强制的礼节放入生活中，注重提升自觉意识，从而使外在形式与内在本质融为一体。

子曰："士志于道，而耻恶衣恶食者，未足与议也。"（《论语·里仁》）孔子认为，士应有志于仁。何为仁？仁乃人内心深处的温情与善意，是人之为人的精要。孔子十五岁志于学，在往后的岁月中，他不断向他人请教，向生活求教，也在人生的历练中逐渐明晰自己的志向：弘扬德性来实现人心的回归，从而形成稳定的社会秩序，完成仁与礼的内外统一。

所谓"志士仁人，无求以害仁，有杀身以成仁"。志士仁人，应是可以牺牲自己的性命成全仁的。为了改造士的面貌，让士承担新的职责，此时的孔子开班讲学，招收弟子，以学习和弘扬道义，追求人的精神价值。随后的二十多年，不管天命将予有失，孔子都潜心育人，从未动过做官的念头。

世人学孔子，当学他立志于仁道。仁不仅强调对外的行善、治人，而且有向内自省和修炼的意义。求仁得仁是孔子一生追求的志向。

子曰："刚、毅、木、讷近仁。"（《论语·子路》）立志于仁要做到刚强、果决、朴实、口拙。第一是刚强，坚持自我的原则，不受外界的影响而时常动摇。第二是果决，要有坚定的决心。第三是朴实，为人要老实，保持自我朴实的样子，以真诚把握自己的路。最后，还要讷于言而敏于行，即说出来的话一定要经过大脑思考，宁肯说话慢一点，做到谨言慎行。"刚""毅"是人应该修养的两种特质，"木""讷"是人应该保持真诚的本性，配合起来才能找到人生的正路。

（三）立志于君子

孔子教人，要求弟子成为君子。在长年不断的教学相长中，孔子学问大成，形成了一套严密的教育体系。修己、安人安百姓是孔子对君子提出的两项基本要求。做人首先要修己，要不断提升自己的精神境界，以此达到安人安百姓，"以天下为己任"的追求。

"君子义以为上。"君子以"义"为准绳，有所言有所不言，有所为有所不为。君子致力于"社会不断进步，人类臻于至善"。立志做一个君子，应该严格要求自己：学习君子博学广识、才高八斗的知识底蕴；学习君子温润如玉、稳重从容、彬彬有礼的行为举止；学习君子立足当下、胸怀天下的远见和格局。

对君子理想人格的刻画，是孔子一生不变的追求。五十一岁时，鲁国面临重大政治危机，孔子自觉责无旁贷，于是毅然回鲁国协助鲁定公治理国家，使得鲁国复兴。而后他周游列国，一路办学讲学，哪怕周遭所遇都是批评之言，詈骂之语，都不能动摇其心志。他只为从改变一个个人开始，恢复天下有道的正常秩序，实现治国平天下的理想。六十八岁的孔子再次回到鲁国，但他不为做官，不为功名利禄，一边办学育人，一边协助鲁哀公治理国家，短短三个月，便让强大的齐国有了畏惧之心。孔子的一生是学而不厌的一生，是矢志不渝的一生，他用一生诠释了学做人的真正含义。

纵观孔子矢志不渝的一生，学生的成长过程也将较长时间地伴随学志—明志—辨志—立志—践志的活动过程，循环往复。班主任在带班过程中可以重点关注以下五个阶段，以帮助学生树立正确的志向。

第一阶段：学志

"百学须先立志"，理想和志向是青少年发展成才的精神推动力，是人生进步的加速器。小学低段是青少年理想和志向的萌芽阶段，这一时期重在引导学生去了解父母、长辈从事的不同职业以及各自在岗位中的职责与奉献，明白今天的幸福生活是由无数先烈、长辈用生命和奋斗换来的，同时，学习英雄先烈的感人事迹，感受他们为国为民的担当和付出，以此学习"志向是什么"，并树立"我要成为那样的人"的意识。在这一阶段，重点要培养学生敬长辈、爱人民、爱家乡、爱国家、报效祖国的情感。以情感为纽带，厚植学生集体主义精神，明确个人与家庭、社会、祖国之间的内在联系；推动学生不断求知求学，尝试设定自己的人生目标并努力向目标靠近。

第二阶段：明志

小学中高段是青少年明志—立志的重要阶段。青少年要通过学习不断明晰自己的志向：我想要成为什么样的人？班主任可借助国家重大历史事件中的典型事例，结合主题活动课，通过情景设置，采用活动体验的方式进行师生之间、生生之间的分享与交流，引领学生思考"我要成为什么样的人""我为什么要成为这样的人"，实现学生个体对中华民族共同理想信念的认同，学生进一步明晰自己的志向应从祖国与他人的需要出发，从而坚定对马克思主义的信仰，坚定走中国特色社会主义道路、建设中国特色社会主义的共同理想，坚定对改革开放和社会主义现代化建设的信心，坚定对中国共产党领导的信任，坚定对中华民族伟大复兴中国梦的信心。在这一阶段，应着力培养学生对党的政治认同、情感认同、价值认同，不断树立为共产主义远大理想和中国特色社会主义共同理想而奋斗的信念和信心。

第三阶段：辨志

当学生进入青春期，班主任要引导学生进一步探索自己。在此阶段，学生也会逐步清晰自己的志向，面对各种吸引和选择，会反复地做明志—辨志—明志—辨志的思考，历经一个又一个理性思考、批判思维的循环阶段，志向会越辨越明，这个阶段，明和辨甚至不分先后。班主任应抓住教育契机，结合时事政治、班级事务、家庭生活等身边的大事小事，开展丰富多彩的活动，引导青少年理解"国"的意义，学会"爱"的方式，磨炼爱国意志，在行动中培养和形成学生的国家认同感、幸福归属感、报国效力感、情感抒发感，从而坚定地将小我融入大我，做出正确的人生选择。

第四阶段：立志

立志是青少年学习和进步的起点和基础，班主任要鼓励学生努力达成自己，即立志—践志。子曰："三军可夺帅也，匹夫不可夺志也。"（《论语·子罕》）三军虽众，其帅可夺而取；志若在己，故虽匹夫，坚守其志，人不能夺。孔子十五岁立志于学问，追求为人之道，用尽毕生力量学道、行道，再在一切环境下去弘道、善道，真正做到了"死而后已"。王阳明先生说："夫学，莫先于立志。志之不立，犹不种其根而徒事培拥灌溉，劳苦无成矣。世之所以因循苟且，随俗习非，而卒归于污下者，凡以志之弗立也。"由此可见，志为万学之开端，"有志则进，如逝川之不已；无志则止，如为山亏一篑"。

第五阶段：践志

习近平总书记指出，青年一代有理想、有本领、有担当，国家就有前途，民族就有希望。在对学生开展理想信念教育活动中，厚植爱国主义情怀是不变的班本课程。爱国主义是中华民族的民族心、民族魂，是中华民族最重要的精神财富，是中国人民和中华民族维护民族独立和民族尊严的强大精神动力。

在进行爱国教育时，首先应注意落实具体的教育目标（见下面的武侯区中小学爱国主义教育目标分解表），提升教育实效。

第二章
以学带班

武侯区中小学爱国主义教育目标分解表

阶段	自我教育阶段	知识目标	情感态度目标	意志目标	行为目标
6~9岁	涵养——启蒙	①了解爱国志士的奋斗故事 ②了解家乡的生活习俗，知道中华民族重要传统节日 ③明白自己是家乡、国家的一员	初步形成爱人民、爱集体、爱家乡、爱祖国的情感	愿意且有信心去表达对家乡和祖国的爱	①尊敬国旗、国歌、国徽 ②学习家乡榜样，有意识地做一些决策，为集体做力所能及的事 ③能试着描述人生目标并尝试设置向目标靠近的步骤
10~12岁	滋养——培育	①了解仁人志士为国家和民族做出的牺牲和贡献 ②知道重要传统节日的文化内涵和家乡生活习俗的变迁	①为自己是一名中国人而自豪 ②愿意去了解自己的祖国、民族以及中华历史上的爱国英雄	①爱着伟大的祖国，关怀祖国的危难之处 ②树立做社会主义接班人的美好愿望	①关心家乡建设，积极参与公益活动 ②明志向，定目标，结合自身发展实际，初步树立人生理想
13~15岁	润养——弘扬	①知道中华民族发展过程中的重要事实和发展的基本线索 ②理解国家统一和民族团结的重要性 ③认识中华文明的历史价值和现实意义	①有作为中华民族一员的民族自尊心和自豪感 ②了解党史，爱人民创造的世界	①激发保护、开发，合理利用祖国自然资源的责任担当 ②乐观面对成长困难，不断超越自我，坚定自己的人生理想	①自觉做适应国家战略发展需要的合格公民 ②加强自我管理，能够制订出一个计划来达成短期的个人目标
16~18岁	濡养——笃定	①深入理解中华民族最深沉的精神追求，更加全面、客观地认识国家前途命运与个人价值实现的统一关系 ②理解国情与国际形势	①了解国情民情，认同国家制度 ②以关心国家，建设祖国为荣，以损害祖国利益为耻	①坚定实现中华民族伟大复兴的理想信念 ②笃志报国，坚定道路自信、理论自信、制度自信、文化自信	①立志为社会主义现代化建设作出贡献 ②自觉维护国家的尊严、安全和利益

其次，教育要"目中有人"，时刻关注学生在爱国情感中的道德两难问题。可以将学党史、爱祖国活动与学生的日常生活、行为习惯养成融合，引导学生关注并崇敬身边"近、小、实"的榜样，从自我走向他人、社会和国家，从而树立科学的世界观、人生观、价值观。

第三，班本特色活动系列化。结合班级特色、班级资源，从学生实际出发，以志向为主题内容，从基础能力、个性拓展、实践体验三个维度设计本班的特色活动。

某班理想信念特色活动一览表

类别	核心素养	特色活动
基础能力	"文化基础"领域，旨在通过学科融合，整合各个学科资源。学生在学科课堂中了解古今中外名人志士立志奋进的故事，以此学志、明志	开设"理想志向小学堂"： 班会课：党史知识竞赛、"百家姓"大讲堂活动 语文课：古今中外名人立志故事 数学课：最强大脑比拼 音乐课：组建鼓号队演奏最强中国音 ……
个性拓展	"自由发展"领域，旨在结合学生个性特点，为学生成长提供舞台，展示自我风采，赢得自我精彩，最终坚定成长目标，挑战自我，坚持不懈做最好的自己	打造"理想志向成长营"： "变废为宝"大比拼 "小小植物园"种植活动 "歌声唱响爱国心"活动 "爱校如家之校园小导游"讲解活动 ……
实践体验	"社会参与"领域，旨在利用学校和社区优质资源，引导学生从校内走向校外，在参与和实践中反求诸己，明确和笃定自己的理想与志向	开展"理想志向体验营"： 开展职业体验活动 致敬抗疫工作人员活动 参观建川博物馆等红色教育基地 "我们都是微笑天使"关爱唇腭裂儿童活动 "南河小卫士"巡河活动 ……

通过多维度、多方面的学习，学生建立起自己和生活、自己和社会、自己和世界的联系，在实践和经历中逐渐树立起将来为他人、为社会、为祖国服务的高远志向。

二、学做人

子曰："志于道，据于德，依于仁，游于艺。"

——《论语·述而》

孔子说："以道为志向，以德为根据，以仁为依靠，而游憩于礼、乐、射、御、书、数六艺之中。"孔子的为人及行事，一直在引导学生立志高远，坚守良好的品德，以仁爱为本心，施以仁义，宽以待人。

《论语》中，孔子把"仁"作为做人最高的道德原则、道德标准和道德境界。"仁"首先是人内心深处的一种真实状态，是一颗向真向善之心，这种对待他人真善的爱人之心就是"仁"。关于"以仁带班"的有关内容，将在本书第三章作详细阐述。

子曰："君子博学于文，约之以礼，亦可以弗畔矣夫！"（《论语·颜渊》）这句话是孔子对君子个人修养的建议。一个人有"文"的内在，加上"礼"的约束，内心可以接近"仁"的境界，行事也不会违背道义。"礼"为人们提供行为准则，只有成为一个有礼的人，"仁"才能通过合乎的礼节规范表现出来。关于"以礼带班"的有关内容，将在本书第四章作详细阐述。

"文质彬彬，然后君子。"（《论语·雍也》）圣人是儒家的终极理想人格，可望而不可即，但君子就是孔子提供给儒者的一个可以践行的道路。关于"以和带班"的有关内容，将在本书第五章作详细阐述。

要成为一个有仁爱之心、有礼的君子，首先要克制自己的私欲，为人真诚、忠信，学会体谅他人，宽恕他人之过。

（一）克己

原宪问孔子："克、伐、怨、欲不行焉，可以为仁矣？"

——《论语·宪问》

战胜自己的好胜之心、夸耀之心、怨念之心、贪欲之心，是否就能算得上仁了呢？孔子并未给出肯定的答案。孔子认为"克己复礼为仁"，人皆有好恶之情，而好恶不能无节，从而为学做人指出了一个方法。

当颜渊问孔子实施仁德的具体途径时，孔子从"视、听、言、动"四个方面做出了阐述。人之私欲，耳目口鼻之欲较多。自身私欲的形成与自身所接触到的自然环境、社会环境及年龄阶段有着密不可分的关系。在物欲横流、攀比成风的时代，学生易染不良习气。那么如何引导学生在复杂的环境中克制自己的私欲，实现自我内在的成长呢？

1.心怀善念

王阳明曾说过："克制私欲，是一种善的追求。"向善并不单是学生认为的外在单向地给予别人帮助的一种仁心所在，更多的是战胜自己的私心私念，不窥人秘密，不听人私语，不议论人长短，不侵犯人自由。如何能做到"克私欲"？朱子在《中庸章句序》中提到："精则察夫二者之间而不杂也，一则守其本心之正而不离也。"即精察事物之中的道理，论事物之善与不善，能够从其善者，去其不善者，则自然得益。所以明晰道理，才是"克私欲"的根本功夫。

子贡曰："我不欲人之加诸我也，吾亦欲无加诸人。"子曰："赐也，非尔所及也。"（《论语·公冶长》）子贡说："我不愿别人把不合理的事加在我身上，我也不想把不合理的事加在别人身上。"孔子说："赐呀，这不是你可以做得到的。"有学生易将别人的缺点作为平衡自己不足的砝码。如各种"告状声"：老师，他把纸扔在地上了；老师，他用袖口擦鼻涕；老师，他不让我出去……班主任要引导学生怀有从善之心，双眼不被黑暗、灰尘、私欲蒙蔽，建立班级夸夸团，主动为同学的优点点赞，形成积极的班风，持久地凝聚学生的向善之心。

2.不计得失

子曰："吾未见刚者。"或对曰："申枨。"子曰："枨也欲，焉得刚？"

——《论语·公冶长》

有一天，孔子在给学生们上课的时候，忍不住感叹道："我还没见过什么真正刚强的人。"很多年轻的学生就很不解，认为子路、申枨这些人都是很刚强的人。尤其是申枨，虽然年轻，但是每当有人与他争辩，申枨总是不肯退让半分，即使是面对师长和前辈，申枨也从不隐瞒、不退让半步，摆出一副强者姿态，于是大家都让他三分。所以学生们听到孔子这样说，便不约而同地说道："论刚强，申枨应该是当之无愧的吧。"孔子却说："申枨这个人，欲望太多，想的太多，又怎么能算得上是刚强的人呢？"王阳明也曾说："吾辈用功，只求日减，不求日增。减得一分人欲，便是复得一分天理，何等轻快洒脱，何等简易！"

功夫在减不在增，减即去物欲之浑蔽；减尽人欲，便复得良知之本体了。要减少自己的欲望，不过分地在意得失，顺其自然，保持内心安宁。孔子一生经历坎坷，受尽了命运的折磨，放在普通人身上，早就崩溃至极了，但孔子在生活中却一直保持乐观积极的心态。

作为班主任，更要引导当代的学生，不要太在意得失。例如在班干部的选举中，在学校的各种评优选先中，在运动会的比赛中……不计得失并不是所谓的消极心态甚至懒于进取，而是在当学生积极参与但并未取得心仪的成绩之时的一种豁达的心态。面对"身外之物"，始终保持积极乐观的心态，平静接纳得失，不忘初心地坚定前行，不过于悲悲切切，抑郁哀愁。

（二）直诚

子曰："人之生也直，罔之生也幸而免。"

——《论语·雍也》

孔子说："人凭着正直生存在世上，不正直的人也能生存，那是靠侥幸避免了祸害啊。""直"者，诚也，生而为人，正直、真情是最基本的品质。与己相处，严格要求自己，不刻意隐瞒自己的观点，遵从本心，更不偷奸耍滑，故意阿谀奉承他人，谋取私利。与人交往，敢于主持公道，多行正义之事，以直报怨。

人之初生直白清洁，当保持初生之状态。而糊涂迷惘地生活，不修身正己成仁成道，是不学无道，无以立身，不遭横夭而终其身，是侥幸而已，此谓"罔之生也幸而免"。

1.行以真情

叶公语孔子曰："吾党有直躬者，其父攘羊，而子证之。"孔子曰："吾党之直者异于是：父为子隐，子为父隐，直在其中矣。"

——《论语·子路》

叶公对孔子说："我家乡有正直的人，父亲偷羊，儿子告发了他。"孔子说："我家乡正直的人与之不同：父为子隐瞒，子为父隐瞒，正直就在其中了。"

叶公说的"直"是坦白。他从法理的关系来看，父亲偷了羊，儿子便去告发他，叶公认为这是正直的行为，因为偷羊毫无疑问是犯法的事。作为社会的一分子，应该要维护社会公义，有人犯法，便应不理亲疏地加以指证。而孔子则从人伦关系去解释。他认为"直"是率直的性情。儿子不肯作证，是不忍心见到父亲受到惩罚，指证父亲偷羊是违背亲情的行为，因此隐瞒此事。这是亲情的流露，是子女真情的体现，是合乎"直"的品德。孔子并不同意叶公的说法，因为从孔子及儒家的立场，那位去举报的儿子似乎太不近人情了。

班级是学生生活的小家庭，在同学的相处之中，如果像叶公之"直"，在同学犯小错之时，毫不留情地互相揭发举报，那班级将无情可言。一个没有情感链接的班级必将是一盘散沙。法理之下有人情，当同学犯错时，只要行为不是涉及恶意、违法、安全等重大过错，就不应因为自己的"秉公执法"而伤了同学情感，不应为了向老师邀功而揭发告状，不应为了谋取小小私利而威胁同学，不应为了嘲讽他人获得自我的短暂愉悦而向全班宣告，而应先基于自己与同学的同窗情谊，以理解、劝告的方式使他人明白自己的过错，及时改过。班主任在处理这类问题时，也应注意维护学生的情面。

2.以直报怨

或曰："以德报怨，何如？"子曰："何以报德？以直报怨，以德报德。"

——《论语·宪问》

有人说："用善行回报恶行，怎么样？"孔子说："用什么回报善行？用公正无私回报恶行，用善行回报善行。"孔子不同意"以德报怨"的做法，认为应当是"以直报怨"，也提出"直而无礼则绞"。孔子认为，对于别人给予自己的恩惠、恩德，需要抱有感激的心，用自己的恩德来回报他人，这是以德报怨；基于事情的客观情况做到公平公正，不回避，不以私人恩怨、个人好恶来处理事情，这就是以直报怨；言直之时不可无礼。

但是学生对于矛盾的处理，不是"以德报怨"，也不是"以直报怨"，更多的是"以怨报怨"。当他人对自己在语言、行为上有所偏颇之时，通常会选择"以其人之道，还治其人之身"，导致矛盾加剧，这种做法不可取。班主任要引导学生在相处中，理性地分析"怨"。不管"怨"的原因是什么，应教学生学会反求诸己，再尝试真诚、有礼的沟通，寻求帮助，但切不可"以怨报怨"。

(三) 忠信

子以四教：文、行、忠、信。

——《论语·述而》

曾子曰："吾日三省吾身:为人谋而不忠乎？与朋友交而不信乎？传不习乎？"

——《论语·学而》

在过去，谈到"忠"，人们大多会狭隘地理解为忠于君主或忠于国家。其实，"忠"更强调内心的真诚，并且其内涵也更丰富。"忠"涉及我们生活中的方方面面，比如，与自己的家人和朋友相亲相爱，对自己的职业尽忠职守，对他人托付之事竭尽全力等，对此可以简单地归结为一个人应尽己之力承担自己的基本责任，这样才能取信于人。

1.善始善终

子曰："苗而不秀者有矣夫，秀而不实者有矣夫。"

——《论语·子罕》

孔子说："庄稼有只长苗而不开花的吧！有开了花却不结果实的吧！"孔子在此处用"苗""秀""实"来比喻生命和修养，它们就像地里的庄稼一样，从播种、拔苗再到开花结实，完成生命历程。但是，并非所有的庄稼都能经历这个完整的过程，在此期间，有的只长苗而没有开花，有的开了花长了穗却没有结果。人的成长也是一样，有的人树立了志向，但却没有行动，就像庄稼只长苗不开花；有的人，立志并进行了修行，但却半途而废，就像庄稼开花而没有结果。只有那些既树立远大志向，积极行动，并能够坚持到底的人才会有所成就。

班主任应该引导学生做事情要有头有尾。首先，事情应分轻重缓急，答应别人的事要放在首位，再按序完成自己的事；其次，做事要落到实处，精益求精，尽心尽力，切不可消极怠工，拖拉延误，虎头蛇尾，潦草完成，这样即便做完了事，也等同于失信于人，失信于自己。

2.忠而有度

子贡问友，子曰："忠告而善道之，不可则止，毋自辱焉。"

——《论语·颜渊》

子贡问与朋友的相处之道。孔子说："忠心地劝告他并好好地开导他，如果不听从也就罢了，不要自取侮辱。"

班主任要引导学生在相处中若发现朋友的不当之处，既要忠言直告，又要恰当引导，还要开诚布公地劝导他，推心置腹地讲明利害关系。当忠言善语不被朋友接受时，也不要去强加于人，否则自讨没趣，这也是对他人的尊重。

3.言而有信

子曰："言必信，行必果，硁硁然小人哉！抑亦可以为次矣。"

——《论语·子路》

孔子说："出一言必信，不反悔。做一事必果决，不转变。虽是耿直固执的小人，但也可以算是再次一等的'士'了。"言行一致就是对自己和他人说到做到，讲诚信。

班主任要通过实例让学生了解失信的后果，引导学生进行自我反省，明白失信后将寸步难行。自我反省是一种从认识到实践，然后再从实践中汲取经验，进而提高认识和修正行为的过程。每日反省自己在与人交往中是否做到言而有信。如果有失信之行为，便要及时寻找补救的措施。

（四）练恕

子贡问曰："有一言而可以终身行之者乎？"子曰："其恕乎！己所不欲，勿施于人。"

——《论语·卫灵公》

孔子认为，如果有一个字可以奉行终身，那大概就是"恕"了。"恕"是孔子的爱人之道，是调整和平衡人际关系的重要策略，促使人与人之间能够相互体谅、相互尊重、相互帮助、相互宽容。"恕"即自己不希望别人强加给自己的事，也不要强加给别人，能换位思考，学会自嘲，接纳彼此。

1.换位思考

当我们向弱于自己的对象发泄不满情绪时，人的不满情绪一般会沿着等级和强弱组成的社会关系链依次传递。班主任要引导学生与同学、与家人换位思考，在班级无怨，在家里无怨。

在面对矛盾时未尝不可选择性"失忆"，难得糊涂，"不念旧恶"，向前看，不再提过去的是是非非，更不能因过去的矛盾影响现在或未来的关系。

2.学习自嘲

孔子周游列国，走到郑国时，不小心和学生走散了。子贡就跟当地的一名老者打听孔子，可那老者竟然说孔子"累累若丧家之狗"。当孔子听到子贡的转述却说："确实如此啊！我虽然外貌不似狗，但现在这般情状，确实挺像丧家之犬的。"圣人听见此等闲言，丝毫不为所动，反用自己开阔的心胸化解自嘲。

周国平说："傻瓜从不自嘲。聪明人嘲笑自己的失误。天才不仅嘲笑自己的失误，而且嘲笑自己的成功。"有的学生习惯站在自己利益的角度去批评人、苛责人、讽刺人。王阳明曾说："不管人非笑，不管人毁谤，不管人荣辱，任他功夫有进有退。"古人说："默而成之，不言而信。"面对那些闲言，班主任要引导学生接受自己存在的短板，不辩解，不入心，远离身边的闲话，为人处世"三不管"，学会自嘲，不让他人的目光或言语阻断前进的脚步，踏踏实实做自己的事，走自己的路，努力做自己。

（五）接纳

"子见齐衰者、冕衣裳者与瞽者，见之，虽少，必作，过之必趋。"

——《论语·子罕》

孔子遇见穿丧服的人、穿戴礼服的人以及瞎了眼睛的人，尽管比他们年长，也一定会站起来；走过他们身边时，一定快走几步，以礼待之，带给他们最自然、最舒服的礼。孔子善良纯正，具有恻隐之心，这是每个人都应该具备的社会情感，也是学生们对待犯错的、有困难的、有特殊需求的同学时，应有的行事准则。班主任应该鼓励学生接纳自己的不完美，接纳自己的真实和自然，并引导学生接纳不同的人和事。

子夏之门人问交于子张。子张曰："子夏云何？"对曰："子夏曰：'可者与之，其不可者拒之。'"子张曰："异乎吾所闻：君子尊贤而容众，嘉善而矜不能。我之大贤与，于人何所不容？我之不贤与，人将拒我，如之何其拒人也？"（《论语·子张》）子夏的学生向子张请教怎样交朋友，子张说："子夏是怎么看的呢？"子夏的学生回答："子夏说：'可以交往的就和他交往，不可以交往的就拒绝他。'"子张说："这和我所听到的不一样！君子尊敬贤人，也能容纳众人，能称赞善人善行，怜悯能力不够的人。如果我是个很贤明的人，那对别人有什么不能容纳的呢？如果我不贤明，那人家就会拒绝我，我又何谈去拒绝别人呢？"

子夏和子张同是孔子的学生，他们的个性不同，拿交友这件事来说，孔子对他们的教导自然也不一样。子夏为人太宽厚，容易被人利用，因此孔子就教导他要懂得拒绝，"可者与之，其不可者拒之"。相对来说，子张的个性有些苛责，因此孔子教导他为人要宽容，多向贤者学习，去赞美别人的优点，同情别人的弱点。这既是孔子因材施教的结果，也给我们教学生学做人以启示。这个世上很多观点都没有绝对的对与错，主要是看其作用对象和时机，唯有像孔子这样做到守中庸，知变通，才能将事情处理得恰到好处。

三、会学习

孔子说，"朝闻道，夕死可矣"。孔子之"志于学""志于教"是中国教育历史的一次重大转折。孔子的会学习，首先是在学习内容上的会学习。

（一）"教什么"一定程度上决定了学生"学什么"

"子以四教：文、行、忠、信"，概述了孔子教育工作中教的内容。"文"指学习中华优秀文化经典，"行"指人的德行，"忠"指尽心尽力的行事风格，"信"的核心便是诚实守信。

樊迟请学稼。子曰："吾不如老农。"请学为圃。曰："吾不如老圃。"樊迟出。子曰："小人哉！樊须也。上好礼，则民莫敢不敬。上好义，则民莫敢不服。上好信，则民莫敢不用情。夫如是，则四方之民襁负其子而至矣，焉用稼？"（《论语·子路》）樊迟有一天问老师，说："请你告诉我怎么种庄稼？"孔子拒绝回答，说："我不如老农。"樊迟又问了一个问题："老师，请你告诉我怎么种白菜？"孔子仍然拒绝回答，说："我不如老圃。"孔子觉得樊迟太没见识，学生应该学对人生、人类更有价值的东西，例如礼、义、信。孔子认为，以礼治国，做事讲义，做人讲信，这更重要。

文化是知识，更是价值观、精神和信仰。在知识的学习中，孔子更加注重引导学生对"诗""礼""乐"的学习。诗以言志，表达性情；礼以规范，处世立身；乐以怡养，和顺自然。陈亢问于伯鱼曰："子亦有异闻乎？"对曰："未也。尝独立，鲤趋而过庭。曰：'学《诗》乎？'对曰：'未也'。'不学《诗》，无以言。'鲤退而学《诗》。他日，又独立，鲤趋而过庭，曰：'学《礼》乎？'对曰：'未也。''不学《礼》，无以立。'鲤退而学《礼》。闻斯二者。"陈亢退而喜曰："问一得三：闻《诗》，闻《礼》，又闻君子之远其子也。"（《论语·季氏》）鲤是孔子的儿子，孔子对自己的儿子的教与学的要求与对学生的要求是一致的，"诗礼传家"。

（二）"怎么教"深深地影响了学生"怎么学"

《论语》多次提到《诗经》。子曰："小子何莫学夫诗！诗，可以兴，可以观，可以群，可以怨。迩之事父，远之事君。多识于鸟兽草木之名。"（《论语·阳货》）孔子教导学生一定要读《诗经》，因为《诗经》可以让人"兴""观""群""怨"，要有情怀、有理想、有信仰、有判断力、有洞察力；要有群体精神，有为公共服务的精神，有责任感，有能力。现在的教育是让学生知道《诗经》是什么，而孔子的教育则是通过《诗经》让学生成为什么，这才是真正的以学生为本。《诗经》是一种教育资源，通过这种资源让学生获得某种素质，获得某种能力和品质，而不只是让学生获得知识。班主任读《论语》学带班，同样应该是这个方法。

（三）"教给谁"决定育人对象"谁在学"

孔子教的学生不分姓氏，他教天下人，把天下人都看成是自己的精神传人。两千多年来，《论语》一直为天下人所共读。孔子所讲的天下，不局限于某一疆、某一国、某一域，而是一个人类命运共同体，这才是孔子的天下观，才是中国传统文化的视域。在这里，儒家赋予天下以文化属性，仁、义、礼、智、信、忠、孝、悌等具备了价值观的概念。是故，历代帝王三大祭——祭天地，祭祖宗，祭孔子。人们祭祀孔子，祭的是孔子倡导的勇于担当的价值观和使命感所代表的文化。这正是顾炎武所讲的"天下兴亡，匹夫有责"。

班主任应该教给学生什么呢？教育的功能与内容是随着社会的发展而变化的，孔子以学道为教育的主要内容，以培育治国贤才为主要目的，这是适合当时的社会需要和教育本质的。随着科学技术的发展，科技知识教育的地位愈加重要，现代教育产生了重智育、轻德育等倾向。新时代，班主任要克服重智、轻德、弱体、抑美、缺劳的顽疾，全面贯彻党的教育方针，落实立德树人根本任务，培养德、智、体、美、劳全面发展的社会主义建设者和接班人。

第二节　时习悦乎　择善从之——"学"的态度

追求学问，态度应放在首位。稳定积极的心理状态，是学有所成的前提。学习要有"好之"和"乐之"的态度，一旦认为学习本身是一件快乐的事情，学生自然会爱上学习。"发愤忘食，乐以忘忧，不知老之将至"，让我们看到了一个发奋好学、乐在其中，以致忘掉所有烦恼忧愁甚至连生死都置之度外的孔子。

子曰："三人行，必有我师焉，择其善者而从之，其不善者而改之。"（《论语·述而》）求学之路，还应如孔子一般常怀虚心态度，多闻阙疑，慎行其余，善于向他人学习，学会选择他人好的方面向其学习，看到其不好的地方就对照自己，改正自己的缺点。唯其如此，才能步步进阶，在成长的路上收获成功感和幸福感。

学问并非一朝一夕可得，还得持之以恒、锲而不舍。恰如孔子所言："譬如平地，虽覆一篑，进，吾往也。"（《论语·子罕》）因此，坚持不懈的态度在求学路上有着举足轻重的作用，这也是每个人到达成功彼岸的最重要的助力。

一、求学需乐

（一）独学得乐

子曰："学如不及，犹恐失之。"

——《论语·泰伯》

学习是一件紧迫的事情，生怕赶不上，唯恐学不到，学不会，学到了还唯恐丢失了。真正有志于学的人，应该有学习紧迫感。能用一种如痴如醉的沉浸状态和倾情投入的态度去学习，获取知识，难道不是一种发自内心的快乐吗？

但现今"厌学"，是不少学生都会出现的现象。不仅学困生，连优秀学生也会存在一定程度的"厌学"情绪，这是学习态度上的负面情绪。班主任在日常教育教学中，就要引导学生用积极的态度去面对学习，以学为乐。

1.愤悱启乐

子曰："不愤不启，不悱不发。"

——《论语·述而》

"愤"表明学生处于积极的思考状态，有疑难却想不通；而"悱"说明思维还不明晰，想说又说不清楚。在这种情况下，班主任因势利导，给予启发，能帮助学生厘清思路，找准学习需求点，进行持续的自觉学习。如果学生没有经过苦思冥想，没有达到"想弄明白而又想不明白"的矛盾焦灼状态，先不要忙着启发他；不到"想要说清楚，却又说不清楚"的时候，不要去引导他。学生学习之前，班主任不要忙着先教，可以利用观察法、调查法、问卷法等，了解学生的"愤悱"状态，以学定导。

正如孔子自己所说："吾有知乎哉？无知也。有鄙夫问于我，空空如也。我叩其两端而竭焉。"（《论语·子罕》）孔子向他的学生们讲到，一次遇到一个鄙陋的人向他提出问题，对问题无以应答，只能从问者的疑难出发，让问者把自己的意见说出，并通过一些补充性的问题来

第二章 以学带班

反问，从问题的正、反两面加以反诘，借以激发提问者进一步思考，弄清问题的性质和内容，让他自己发现问题的根源和解决问题的方法，从而促使问者觉悟到合理的答案，很自然地引出问题的结论。

孔子善于启发，他根据不同时机、不同对象、不同情境采用不同的方法，因材施教，春风化雨般地启发学生。班主任在日常教育教学中，也可以巧妙运用这一方法，可采用语言情境式启发，即运用妙趣横生的艺术语言去渲染气氛，以点燃学生的求知欲，启发学生不断思考；可采用对比类推式启发，即将类似或对立的问题进行比较，经过启发发现问题，以此培养学生的思维能力，激发他们的学习兴趣；还可以采用问题质疑式、讨论归纳式等多种方式，来启迪学生的思维，开发学生的智慧，从而引导学生在"愤""悱"中突破困境，解决问题，这样的学习无疑是快乐的。

2.学中悟乐

子曰："知之者不如好之者，好之者不如乐之者。"

——《论语·雍也》

孔子认为，对于任何学问和事业，懂得它的人不如喜爱它的人；喜爱它的人又不如以它为乐的人。"知"即有理性的认知；"好"即喜欢，有兴趣；"乐"即沉迷其间、乐此不疲。这三种不同的境界会带来迥然不同的体验与收获。学生学习知识、习得能力、掌握技艺，乃至生活，甚至人生，亦是如此！颜渊喟然叹曰："仰之弥高，钻之弥坚。瞻之在前，忽焉在后。夫子循循然善诱人，博我以文，约我以礼，欲罢不能。既竭吾才，如有所立卓尔，虽欲从之，末由也已。"（《论语·子罕》）颜渊感叹地说："我的老师啊，他的学问道德，抬头仰望，越望越觉得高；努力钻研，越钻研越觉得深。看着好像在前面，忽然又像在后面了。老师善于有步骤地引导我，用各种典籍来丰富我的知识，用礼来约束我的行为，我想要停止学习都不可能。我已经用尽自己的才力，似乎有一个高大的东西立在我的前面。虽然我想要追随上去，却找不到可循的路径。"在他看来，孔子作为先师，以学为乐，让其不仅有着伟岸的人格和渊博的学识，还有着灵动的教育智慧和循循善诱的教育方法。颜回对老师孔子的赞叹，让后人看到了孔子无论是在人格上，还是自己"以学为乐"中，甚至是引导学生也要"以学为乐"上，都是一般人难以企及的境界。

知识来源于人类的实践生活，又反哺到改造世界的实践活动中，学习知识的价值也在于此。但有的班主任在教育教学中常常忽略了学习的归宿，惯用填鸭式的方法把抽象的理论灌输给学生，导致学生对学习的厌烦。班主任可以引导学生将所学内容与生活实践产生链接，调动他们的积极性，从中感悟到学习的快乐。例如，鼓励学生在班级活动中，将学到的色彩搭配知识和日常服装穿搭实践相结合，以此激发学生以学为乐。

3.学成享乐

子曰："女奚不曰：其为人也，发愤忘食，乐以忘忧，不知老之将至云尔。"

——《论语·述而》

孔子说自己发愤用功学习到连吃饭都忘了，快乐得忘记了忧愁，不知道衰老将要到来。孔子也曾劝服年轻的子路："由也，女闻六言六蔽矣乎？"对曰："未也。""居！吾语女。好仁不好学，其蔽也愚；好知不好学，其蔽也荡；好信不好学，其蔽也贼；好直不好学，其蔽也绞；好勇不好学，其蔽也乱；好刚不好学，其蔽也狂。"（《论语·阳货》）孔子说："子路！你听过六种品德和六种弊病吗？"子路回答说："没有。"孔子说："坐！我告诉你。爱好仁却不爱好学习，它的弊病是愚蠢；爱好聪明而不爱学习，它的弊病是放荡不羁无归宿；爱好诚信而不爱好学习，它的弊病是容易被人利用伤害；爱好直率而不爱好学习，它的弊病是说话尖刻刺人；爱好勇敢而不爱好学习，其弊病是容易犯上作乱；爱好刚强却不好学习，它的弊病是狂妄。"这里说的是子路还不是孔子学

第二章 以学带班

生的时候，经常去孔子的学校捣乱，孔子劝服子路学习，子路认识到了学习的重要性，从此成了孔子门徒。在孔子看来好学可以去弊病，补不足，获益处，享快乐。

学习的快乐源于成就自我时的美好体验。在日常教育教学中，班主任要充分研究学生的基础学情，选择适合的教学起点，让他们逐渐提升，增强兴趣，尝到成功的喜悦。还应充分发挥评价的激励作用，通过丰富、合理、发展性的评价，使学生找到前行的方向，获得精神上的极大满足，激发更持久的学习动力，坚定努力学习的决心。

（二）与朋众乐

子曰："学而时习之，不亦说乎？有朋自远方来，不亦乐乎？人不知而不愠，不亦君子乎？"

——《论语·学而》

和众人其乐融融地一起学习，"如切如磋，如琢如磨"，一起切磋，一起琢磨，教学相长，共进同乐，这是"众人"之乐。

在《论语》中我们常见到这样的众学场景：冉有有问题，子路解答，颜渊补充，都不能解答的，再由孔子带领大家层层剥茧，心从道出。这是"拾柴"之乐。

"道而弗牵，强而弗抑，开而弗达。"意思是说要引导学生而不要牵着学生走，要鼓励学生而不要压抑他们，要指导学生学习途径，而不是代替学生做出结论。让学生在众学中交流反馈、补充质疑、展评对话。这是"火焰高"之乐。

班主任在带班中，要创设众人参与的情境，让学生在思想上、情感上、行为上，各放彩、互促进、同分享、共收获、齐欢乐。比如，在主题班会中，让学生通过角色扮演、演绎评说等方式进行情感交流，广泛地参与同伴交往，深度理解他人需求，体验集体中他人的感受，促进众学之乐。在兴趣小组中，有共同志趣的人聚在一起，协作与探讨，促进与创造，实践与展示，趣享众学之乐。在班级密友信箱中，学生可以将一些成长中的小秘密，投放到集体智慧的众学中，敞开心扉，互相倾诉，解决问题，营造和谐的班级环境。

在这些过程中，每一个人都是"众学之网"的一个重要结点，班主任需要关注每一个学生，有序交流。弱者先讲，中者补充，优者总结。有的学生喜欢抢话，反应速度比别人快；有的学生奇招频出，可能思维缺乏严谨性，逻辑性不够严密，需要帮补。要避免被动式和流于形式的分享，避免让"分享"成了部分学生的困扰：克服怕出错、怕出丑，不敢、不愿、不能分享的心理，改变甘当"看客"的现状，同时也要防止出现个别学生"一言堂"的现象。

（三）安贫乐道

子曰："贤哉，回也！一箪食，一瓢饮，在陋巷，人不堪其忧，回也不改其乐。贤哉，回也！"

——《论语·雍也》

孔子说："颜回多么有修养呀！用一个竹筐盛饭，用一只瓢喝水，住在简陋的巷子里，别人都受不了那穷苦的忧愁，颜回却能照样快活。颜回多么有修养呀！"孔子这句话是对颜回生活的真实写照，日子清苦，但依然自得其乐。没有舒适宽敞的住宅，没有精致美味的饭菜，有的只是穷苦，颜回究竟"乐"什么呢？颜回的"乐"，是一种不依赖于外界物质所带来的快乐，是一种出自内心，出自生命本能的快乐，是一种积极乐观的生活态度。哪怕环境再艰苦也不足以改变他笃志于学的坚定决心，"精神上的快乐"比"感官上的快乐"更重要。正如孔子与子贡的这段对话而言："子贡曰：'贫而无谄，富而无骄，何如？'子曰：'可也。未若贫而乐、富而好礼者也。'"（《论语·学而》）子贡说："贫穷却不巴结奉承，富贵却不骄傲自大，怎么样？"孔子说："可以了，但还是不如虽贫穷却乐于道，虽富贵却谦虚好礼。"孔子的一生也在用自己的言行践行着"安贫乐道"的精神，晚年时，在陈绝粮，从者病，莫能兴。子路愠见曰："君子亦有穷乎？"子曰："君子固穷，小人穷斯滥矣。"（《论语·卫灵公》）哪怕困厄于陈蔡之间，缺粮断饮，颠沛流离，但孔子对自己的理想从未动摇过，游走于诸侯之间，宣扬不辍，始终致力于实现自己的主张。

"安贫乐道"是以学为乐的最高境界。为守道而安贫，它的核心思想是"乐道"，而不是乐贫、守贫。"安贫"并非弘扬食不果腹、衣不蔽体的生活，它所强调的是一种简约的生活态度，即不奢望过高，不追求奢靡。"乐道"是以平和的心态正确看待所处环境，即便环境恶劣，也要以坚持学习，坚守信念和道德操守为乐趣。当代人的"安贫乐道"就是一个磨炼意志、修心自强的过程，是一个与自己的恶习和薄弱意志做斗争的过程。班主任可以引导学生通过审视自我、发掘内心，坚定内心信念，用乐观的心态，寻得学习中的"安贫乐道"。

二、求学需谦

孔子博学多才，且他门下弟子众多，有智者也不在少数。那么，孔子的学问是从哪里来的呢？卫公孙朝就曾问过孔子的弟子子贡，说孔子的知识是和谁学的呢？子贡回答："文武之道，未坠于地，在人。贤者识其大者，不贤者识其小者，莫不有文武之道焉。夫子焉不学？而亦何常师之有？"（《论语·子张》）意思是说，周文王、周武王之道，并没有失传，还在人间流传。只不过贤能的人掌握了其中重要部分，不贤能的人只记住了细枝末节，哪里都有文武之道，孔子又何处不可学、何人不可师呢？这也就是我们所说的"学无常师"了。

既然人人都可为师，处处都有学问，那么孔子又是怎么学习的呢？孔子不仅从书籍中学习，也向周围的人学习。前文我们也谈到，有记载言，孔子向老聃问礼，向苌弘访乐，向郯子问官，向师襄学琴。孔子一生都在广泛地求索学习，对知识的汲取永远不会满足。道无处不在，而学在己身；师无人不是，而择善有度。孔子师从何人？学习《论语》可见，孔子是学无常师。

（一）学无常师

曾子曰："以能问于不能，以多问于寡；有若无，实若虚，犯而不校。昔者吾友尝从事于斯矣。"

——《论语·泰伯》

曾子说："有才能却向没有才能的人请教，知识广博却向知识少的人请教；有学问却像没学问一样，满腹知识却像空虚无所有；即使被冒犯，也不去计较。以前我的朋友曾在这上面下过功夫。"

孔子的弟子曾子完全继承了孔子的思想学说，主张学习时遇到疑问就要深入思考、虚心求教，向不同的人甚至地位、学问不如自己的人请教，这才是真正善于学习的人。学生在生活和学习中遇到难题，也当如此。他们不仅可以向比自己优秀的人学习，还可以向不如自己的人学习，保持空杯心态。正如孔子所言，"三人行必有我师焉""敏而好学，不耻下问"。

向不同身份的人请教时，应该保持谦卑、谦逊、谦恭。在向和自己差不多的人请教时，应该保持谦卑的态度，不自大，不傲慢，不虚伪；在向比自己优秀的人请教时，应该保持谦逊的态度，承认自己的局限，谦虚平和，不高谈阔论；在向不如自己的人请教时，应该保持谦恭的态度，内心恭敬，真诚地欣赏和称赞他人。谦卑、谦逊、谦恭，三者层层递进，将谦虚之德植入人心，让学生最终学会"尊人尊己"，从而营造班级感动、感念、感恩的和谐相处氛围。

1.谦卑

子曰："我非生而知之者，好古，敏以求之者也。"

——《论语·述而》

孔子说："我并不是生下来就有知识的人，而是爱好古代文化，勤奋敏捷地去求得知识的人。"孔子认为自己也并非天才，和他人并无不同，也需要谦卑地向他人学习。"谦"应该虚心、谦卑，内心没有膨胀，没有自以为是，视人人为平等，言行上不伤害别人，不飞扬跋扈，对不同身份的人都怀有一样的尊重。

谦卑能修复人的傲慢、虚伪、自大等毛病，会让同学之间相处得很融洽。在带班过程中，班主任可以利用座位的编排、班级周报、"兵教兵"等形式，创设学生向和自己能力差不多的人学习的契机，用评价来鼓励这样的行为。

2.谦逊

子曰："见贤思齐焉。"

——《论语·里仁》

孔子说："看见有才能的人（德才兼备的人）要向他学习，向他看齐。"正所谓"人外有人，天外有天"，这个世界，知识技能是无限的，能人之外还有能人，总有比自己才华更高的人，这就需要以谦逊的态度向人请教。

谦逊是拥有真智慧和真器量，意识到学问、知识和见解没有边界、没有尽头，意识到自己的观点，并非唯一有效可行的选择。能承认自己的局限，谦虚平和；愿意向不同的人学习，学习别人的长处；对于过错，能有则改之无则加勉；能以人为鉴，不盲目自大。

在班级中，榜样能带来源源不断的正能量，促进学生品行端直。班级榜样的评选可以帮助学生发现他人的闪光之处，追求更好的自己，营造出谦逊求学的氛围。班主任可以根据学生认知、心理发展等规律，按照低、中、高三个学段分别从"祖国""他人""自我"三个维度梳理出学生品格培养目标。围绕目标，在班级中组织开展系列班会课或相关活动，并进行"班级榜样"评选活动。每月初由学生定目标，月末再由学生通过他荐和自荐，投票选出本月的"班级榜样"，引导班上同学诚心地向他人学习。

3.谦恭

子绝四：毋意，毋必，毋固，毋我。

——《论语·子罕》

孔子杜绝了四种毛病：不主观臆测，不武断绝对，不固执己见，不存自我之心。他这是在告诫我们，做人不能过于自大，要懂得低调行事，谦虚做人。孔子提倡谦恭有度的待人方式，无论对方是谁都要恭谦有礼。子曰："敏而好学，不耻下问。"（《论语·公冶长》）孔子回答子贡："天资聪明而又好学的人，不以向地位比自己低、学识比自己差的人请教为耻。"古语有云，天生我材必有用。每个人都各有所长，无论才能大小都是有用之人。因此，遇到问题时要用谦恭的态度向看似不如自己的人请教。谦恭，有恭敬别人的意思，它是一个人内在品德和修养的高度表现，不因自己学问渊博而自大，也不因自己地位显赫而独尊处优。相反，谦恭者学识愈深，地位愈高，愈是能以礼待人，愈是能让对方愿意与之分享。

每个人都有自己擅长的领域，班主任可引导学生意识到，当遇到问题时，身边看似"不如"自己的同学兴许会给出一些好的见解。例如，有同学在数学计算方面不如自己，但他在色彩美工方面却非常厉害，当遇到一些排版格式、画面美观等方面的问题时，就可以主动地、谦恭地向他请教、学习，会得到意想不到的好建议。班主任也可以以自己向学生求助的经历为例子，引导孩子们学会谦恭地向"不如"自己的人请教。

（二）方式讲究

向人请教学问，还要注意方式方法，如向人提问时，要诚心求学；向人学习时，要博闻广见；得闻忠谏后，要过勿惮改。

1. 诚心求学

或曰："雍也仁而不佞。"子曰："焉用佞？御人以口给，屡憎于人。不知其仁，焉用佞？"

——《论语·公冶长》

有人说："冉雍这个人有仁德，但是没有什么口才。"孔子说："为什么一定要有口才呢？伶牙俐齿地和他人争辩顶嘴，会被人讨厌。我不知道他是否可称得上仁，但为什么要有口才呢？"

向人请教时，首先要心诚。心诚最重要，而不是陷于语言技巧的打磨、纠结、徘徊上。语言是人与人沟通的桥梁，孔子也强调君子要"谨言慎行"，强调"仁者，其言也讱"。班主任要注重引导学生在向人请教时，首先要注意礼貌，多用"请问""打扰了"这些礼貌用语。其次，不要一开始就直接说"我不会"这样的话，这样的表达会让人感觉把任务都抛给了对方，可以先讲述自己正在做的事情，并提出遇到的困难，越具体越好，而不是宽泛、含糊地求教他人。

2.博闻广见

子曰："盖有不知而作之者，我无是也。多闻，择其善者而从之；多见而识之，知之次也。"

——《论语·述而》

孔子说："大概有自己不懂却凭空造作的人吧，我没有这样的毛病。多听，选择其中好的加以学习；多看，全记在心里。这样的知，是仅次于'生而知之'的。"孔子主张对自己所不知的，应该多听、多看、多学。反对那种本来什么都不懂，却在那里凭空杜撰的做法。注重实践，反对空谈，他自己是这样做的，同时也要求他的学生这样去做。

班主任要让学生明白，在求学的道路上，博闻多见是重要的学习方法。班主任应该丰富班级的研学实践活动，多带领学生走出校园，深入社会，接触自然，如走进博物馆，与各种工匠、劳模互动交流。每个人都要尽可能地扩展自己的见闻，深入探讨、吸收学习，进而让自己的见识逐步广博，才能更清楚地辨伪去妄。

3.过勿惮改

子曰："过而不改，是谓过矣。"

——《论语·卫灵公》

孔子说："有了过错而不改正，这就真叫过错了。"在《论语·学而》篇中，子曰："过，则勿惮改。"孔子赞同的是有了过错，要不怕改正。

所以，当自己的困惑在得到他人的指正后，要及时纠错、积极改正。在班级管理中，班主任要意识到学生存在过则惮改的现象，去引导学生克服畏难情绪，采用"低起点、小步子、勤练习、密台阶、快反馈"的方法，以实现"过勿惮改""不迁怒，不贰过"。

学生们在成长实践中，需要深思实践进行自助，同时也要虚心请教不同的人得到他助，了解更多的学习方法，这样方能不断前行。

三、求学需恒

子曰："譬如为山，未成一篑，止，吾止也。譬如平地，虽覆一篑，进，吾往也。"

——《论语·子罕》

孔子说："好比堆土成山，只差一筐土就完成了，这时停下来，这是我自己要停下来的。又好比平整土地，虽然只倒下一筐土，如果决心继续向前堆，这也是我自己在向前堆的呀。"

孔子用"堆山"和"填地"这两个例子，向众人说明了"功亏一篑"与"坚持不懈"的深刻道理。他也一再鼓励学生们，不管是求学，还是自我修养，都应坚持下去，切勿半途而废。孔子从小就立志于学，并从未停止，直到晚年还研读《周易》，韦编三绝。孔子认为自己不是"生而知之者"，他喜好古代文化，因此勤敏地求取知识，并对古典文献做整理，修《诗》《书》《礼》《乐》，作《春秋》。孔子，终其一生，都在持之以恒地学习。其实，获得成功需要一个循序渐进、不断积累的过程。只有坚持不懈地勤学苦练，最终才能达成目标。反之，没有恒心，浅尝辄止，必会虎头蛇尾，难见成效。

"恒"，它包含着坚持达到目的的决心、持久不变的意志和长时间朝一个方向奋发的行动力。但在实际的教育教学中，真正能做到"恒"的学生屈指可数。或是因为精力不支半途而废，或是因为受到外界干扰而放弃，或是因为遇到困难而退缩……内外诸多因素导致恒持者、恒行者寥寥无几。

班主任要让学生明白"坚持不懈"的重要性，而培养学生的"恒心""恒力"就显得尤为重要。怎样才能培养学生"持之以恒"的求学态度呢？班主任可以借助教育心理学中非常典型的一种学习策略——元认知策略，将其与学生的学习能力相结合，帮助学生构建一个运用元认知策略的学习模式。其具体是指学生通过计划策略、调控策略、反思评价策略这三大自我管理策略来监督控制自己的学习过程，最终持之以恒地达成自己的既定目标或学习计划。

（一）计划助恒

曾子曰："士不可以不弘毅，任重而道远。仁以为己任，不亦重乎？死而后已，不亦远乎？"

——《论语·泰伯》

曾子说："士人不可以不弘大刚毅，因为他肩负的任务重大而路程遥远。把实现仁德作为自己的任务，难道不是重大吗？到死方才停止下来，难道不是遥远吗？"士人、君子责任重大，道路遥远，须怀有长远规划和坚定目标。

在班级管理中，有的班主任对工作缺乏计划性，随意性较强，处理事情三心二意，东一榔头西一棒槌，导致班级问题呈现出"按下葫芦浮起瓢"的常态。所以，班主任要对班级管理制订清晰的计划，比如，坚持课程育人的意识，在学期之初就要对班本课程进行顶层设计、总体规划。同时，班主任要引导学生制订详尽的学习计划，树立长远目标，明确行为方向，集中精力，不懈努力。计划策略有以下几个环节：确定目标、拟定详细实施步骤、想出解决问题的办法、合理分配时间、对学习效果进行初步预测。计划策略是整个学习活动的前提，它使学习变成一个规范化的程序，让学习变成一个循序渐进的过程。

（二）调控助恒

子曰："君子无终食之间违仁，造次必于是，颠沛必于是。"

——《论语·里仁》

孔子说："君子对仁的追求是始终如一、锲而不舍的，急忙仓促的时候是这样，困难奔波的时候也是这样。"

调控策略是对计划的实施过程加以控制监督，及时调整我们的行为，确保计划得以顺利实施。在班级管理中，常常会存在这样的现象：有的班主任对班级发展计划实施"两张皮"；有的班主任对班级计划是"刻舟求剑"、亦步亦趋地实施；有的班主任对于计划是"常立志，无常志"，朝秦暮楚；还有的班主任在实施计划的过程中遇难而退、半途而废。

因此，我们在实施计划的过程中，要不断运用调控策略，以目标为导向，以现实为依据，适时调控。调控策略不是一成不变的固定化模式，在学习活动过程中要根据实际情况选择合适的方法策略，并能在出现新问题时变换策略来解决问题，调节计划目标，不断核查自己的进度是否与学习内容相协调，能否依据不同的学习内容灵活运用不同的方法，并要考虑方法的正确与否、注意力的状态及时调整等。调控策略能帮助学习者在出现问题时即时采取补救措施，从而保证学习活动的顺利进行。

具体来说，调控策略可以分为计划调控、理解调控、注意调控、策略调控。计划调控是指明确目标并分析实施的进程；理解调控是指学习过程中可通过重复尝试来排除干扰，快速、精准把握主要信息和关键细节；注意调控是指学习者调节自己的注意力，使它始终集中在要完成的事情上；策略调控是指学习者时不时监测自己的方法与策略使用是否恰当，并加以总结和调整。

(三) 评价助恒

子曰："回也，其心三月不违仁。其余则日月至焉而已矣。"

——《论语·雍也》

孔子说："颜回呀，他的心中长久地不离开仁德，其余的学生，只不过短时间能做到这点罢了。"孔子跟学生讲这个话，既是在评价颜回，又是在激励其他学生向着自己计划的目标前进。

班主任在班级评价中，往往存在以下三种情况：第一，认知问题，忽略了评价是计划的重要组成部分；第二，评价低效，没有围绕既定目标进行；第三，方法欠妥，缺乏科学合理的评价工具。针对以上三种情况，班主任可以这样做：第一，重视评价，认识到评价是计划中不可或缺的一部分；第二，评价先行，在计划实施初期，开展过程性评价；第三，科学评价，建立立体、多维、发展性的评价体系。评价时，应该侧重班级、小组的合作性评价，同时还应关注个人评价。

评价实施的初期，可以以班主任的评价为主，比如制作"检查评估单"，对学生的学习成效定期予以反馈。到了后期，以学生之间的评价为主，比如班主任可以鼓励学生自己制作"评价表"或"目标进程表"，先自己对学习效果进行评价，再开展小组间的交流和互相点评，使学生发现其他同学的优缺点，了解他人的学习过程、学习策略，并反观自己进行扬长补短。最后，班主任再对全班进行一个总结性评价，让学生再遇到类似问题时可以迁移学习过程和学习方法，使学生在自评、互评、他评中监督自己将目标的达成内化为自己的自觉行为，最终养成持之以恒的好习惯。

"骐骥一跃，不能十步；驽马十驾，功在不舍"，相信有了"恒"的助力，学生们到达成功的求学彼岸指日可待。

第三节 诵诗虽多 亦奚以为——"学"的方法

一本《论语》就是一部学习方法大全，先贤告诉我们学习是有法可依的：既要学思结合，又要温故知新，还要学以致用。

子曰："诵诗三百，授之以政，不达。使于四方，不能专对。虽多，亦奚以为？"孔子说："诵习了《诗经》三百篇，交给他政务，却办不好；到四处出使，不能独立谈判应对；虽然多学了别的许多诗，又有什么用呢？"

诗，是孔子教授学生的主要内容之一。他教学生诵诗，不单纯是为了诵诗，而是为了把诗的思想运用到指导政治和外交活动之中。儒家不主张当书呆子，而是要学以致用，将其运用到社会实践中去。运用，还有一个前提，就是思考。学习的外延与生活等同，在生活中思考和运用才是学习。

学习是学生获得知识、探求未知世界的行为方式。孔子在关注学习方法方面，给我们做出了榜样。如果不掌握方法就去学习——这样的学习是低效，甚至无效的。同时，学习应该与我们所处的现实环境、所遇的实际问题相关联，将所学运用到生活当中。

让我们追随先贤的脚步，"正诸先觉，考诸古训"，穿越历史长河，继承和发展圣贤文化的精髓核心，结合当下学生身处的时代和环境更好地探索学习方法。

一、学思结合

子曰："学而时习之，不亦说乎？""学而不思则罔，思而不学则殆。"（《论语·学而》）子夏曰："博学而笃志，切问而近思，仁在其中矣。"（《论语·子张》）这些都强调了学习与思考相结合的重要性。学生只有在学中积极思考，在思考中再次去探索求知，才能做到真正的开悟。一个人只学习而不思考就会陷入困惑，思考是人驾驭知识的能力。孔子认为，一个人想要增长见闻，学思结合是不二法门，"学"是获取知识材料，"思"是思考分析问题，在学习过程中，学和思不能偏废。他指出了"学而不思"的局限，也道出了"思而不学"的弊端，主张学与思的结合。学思结合就是要将勤学和善思紧密地结合起来，既重视学，又重视思。

但在中小学生的学习生活中却存在学了却不会思考，思考了却不会变通，变通了却不坚持思考等思考惰性问题。因此，提出"学思结合"的策略：明辨是非、多元思维。班主任要培养学生掌握学思结合的学习方法，可通过明辨是非、多元思维的策略，实现恒者行远，思者常新，博观约取，厚积薄发。

班主任要引领学生学会明辨是非，增长见识，在碎片信息中，取其精华去其糟粕，兼听则明；发展多元思维，多给学生一种成长可能性，多一把尺子，多一个视角，多给事态一种发展方向，引导学生调整非此即彼、非黑即白的单向思维方法。只有将学与思结合，才能博学、审问、慎思、明辨、笃行，成为有道德、有学识的人。

（一）明辨是非

子曰："乡愿，德之贼也。"（《论语·阳货》）乡愿，特指当时社会上那种不分是非，同于流俗，伪善欺世，也不得罪乡里，以"忠厚老实"处处讨好，为人称道的"老好人"。

孔子尖锐地指出：这种"乡愿"，言行不符，实际上是似德非德而乱乎德的人，乃德之"贼"。世人对之不可不辨。而后，孟子更清楚地说明这种人乃是"同乎流俗，合乎污世"的人。虽然表面上看，是个对乡人全不得罪的"好好先生"，其实，他抹煞了是非，混淆了善恶，不主持正义，不抵制坏人坏事，全然成为危害道德的人。

因此，那种看似谁也不得罪的好好先生，在孔子看来，却是是非不分、道德败坏的人。孟子讲："无恻隐之心，非人也；无羞恶之心，非人也；无辞让之心，非人也；无是非之心，非人也。"意思是说，对苦难没有悲悯恻隐之心，就不算是人；对邪恶没有羞耻之心，就不算是人；不懂得推辞谦让，就不算是人；不能明辨是非，就不算是人。这"四心"就是做人必须具备的道德。希望每一个都说自己好的人，不要因过分害怕得罪人而成了"乡愿"。

明辨是非是中小学生应该培养的一种重要能力。明辨是非，即分清正确与错误，坚持正确的，批判错误的。中小学生在学习、生活中，难免会遇到各种错综的矛盾，复杂的问题。如果混淆是非，立场、态度和方法必然会出现错误。此时得按照一定的标准、方法，明是非、辨美丑，以辩证的眼光去分析矛盾，直面它、辨析它，那么，在学知识、学做人时，就不会畏首畏尾，瞻前顾后。

1.增长见识

彬彬有礼、不得罪人的孔子，也有大怒的时候。他一边说"小不忍则乱大谋"，一边说"是可忍孰不可忍"，又忍又不忍，或有时忍有时不忍。中小学生随着年龄的增长，学段的变化，当意见有分歧时，容易用沉默来隐藏自己的思考，或附和他人的意见，或直接反驳别人的看法，以致越来越缺乏独立而深入的思考。

班主任要引导学生学习社会主义核心价值观，学会辨别大是大非。学生在处理是非两难问题时，将学识与见闻结合起来，把握做人做事的标准尺度，既要关照内心的声音，又要回归理性的认知，不因外在得失，而去迎合别人，在实践行动中增长见识，锻炼和培养明辨是非的独立的思考能力。

2.兼听则明

"敬人者，人恒敬之"（《孟子·离娄章句下》），谦恭有度的人走到哪都受欢迎。

在学习生活中，学生容易以自我为中心，或固执己见，或偏听偏信，或左耳进右耳出，或根据自己的喜好选择性接收信息，这都是"明辨是非"需排除的干扰，所以班主任要在班级营造兼听则明的氛围，创设同时听取各方面意见的环境。这样才能正确认识事物，规避只相信单方面的话，而犯片面性的错误。

班主任应引导学生明白作为倾听者，应尊重每个人表达自己意见的权利，要有专注、积极聆听的态度，不随意打断。听的时候眼睛要注视发言人，用身体语言进行回应，可边听边记录关键信息。尊重不同的声音，能够换位思考，不偏听一面之词，更不一味责怪他人，冷静思考，认真分析，进而完整表达或论述自己的意见，发展关心与同情的道德观念，也是一种真诚的社交智慧。

3.慎断是非

孔子曰："君子泰而不骄，小人骄而不泰。"

——《论语·子路》

孔子说："君子安详坦然而不骄矜凌人；小人骄矜凌人而不安详坦然。"所谓"泰"，就是稳如泰山，处事沉稳有定力。慎断是非，就是不轻易地做出是与非的判断。"水至清则无鱼"，在班级学生交往中，是非分明的人，通常人际关系不会太好。"明辨是非"看似容易，实则很少有人能做到，因为真实的生活不一定非黑即白，总是掺杂着许多错综复杂的因素，而每个人都需要在这些因素之中，找到一个相对适合的立足点，因为不同的人立场常常不一致，会做出不同的判断。是非很少是绝对的、不变的，它会变动，以至是非很难明了。"是"里往往有一些"非"，而"非"中也多少有一些"是"。站在慎断是非的立场来说，明辨是非中，又常常需要有一个让学生学会相互包容的过程。

班主任要有敏锐的洞察力，关注细节，心如明镜。只要不是大是大非的原则性问题，针对学生的是非恩怨，要有慎断是非的意识，不轻易地做出是非判断。处事严谨厚道，是一种建立在明辨是非基础上的包容和宽心，但并不等于容忍他人肆意违反是非原则，也不是一味地做"老好人"，不提出抗议。

4.事缓则圆

班主任可以尝试运用事缓则圆的原则。建议班主任处理任何班级突发事件时，要静心观察，平复焦虑的情绪，先不急于发表意见。教会学生处理交往冲突，不走直线，稍微迂回一些，拐一个弯，常常会有意想不到的惊喜。毕竟，就连班主任的认知水平、判断和选择能力从一定程度上来说也是有限的，主观上既不可以是非不分，也不可以是非过于分明，因为客观上更多的是是非难明的情况。多看、多听、多问，少说、缓说，正所谓言多必失。

5.外圆内方

儒家文化追求做人处事圆满、圆通、融通。在是非问题处理上，圆满融通，灵活变通。在学生的童年期、少年期、青年期，能力不一，明辨是非的方法不同，要求各异。小学低段的学生往往对错分明，可能对好与坏更容易做出绝对的判断；初中阶段的学生，对有的是非问题的探究常常没有唯一答案；高中阶段的学生，对有的问题则更难以做出是非判断或者没有答案。有的人在小事上聪明，大事上糊涂，而有的人在小事上不计较，但是大事上可以明辨是非。有了大是大非的标准，一个能够明辨是非的人才能果断行事，人有正确的判断力，就会有果敢的决断力，这样才能正确把握事情的走向，人生才不会迷失自我。我们从中得到启示，见到善的就向善的方面迁移，发现过失就及时改正。在处理班级事务时，班主任和学生的为人处世，要能屈能伸，可方可圆，外表随和圆通，但内心却正直而有主见，二者相辅相成，缺一不可。

在处理学生问题时，要注意公开讲制度，私下谈缺点，维护学生尊严。在人的一生中，充满万象变幻，即便是广纳博采，也不一定获得有益信息。所以，要做到"毋意、毋必、毋固、毋我"，在现实发生的变化之中坚持明辨是非，争取使自己的决策和行为更为合理。

(二) 多元思维

孔子曰："君子有九思：视思明，听思聪，色思温，貌思恭，言思忠，事思敬，疑思问，忿思难，见得思义。"

——《论语·季氏》

孔子说："君子有九种思考：看的时候要思考看明白了没，听的时候要思考听清楚了没，待人接物时，要想想脸色是否温和，样貌是否恭敬，说话时要想想是否忠实，做事时要想想是否严肃认真，有疑难时要想着询问，气愤发怒时要想想可能产生的后患，看见可得的要想想是否合于义。"孔子提出九思，强调对学生的思维进行全面性、完整性的训练，博施广采，兼收并蓄。《中庸》有记载，子曰："舜隐恶而扬善，执其两端，用其中于民！"舜在面对一些恶的事情的时候，没有遵循惩恶扬善的固有思维，而是隐恶扬善，止于至善。事物皆有多面性，问题有多种解决办法。解决烦难问题，要全面，要辩证，要灵活，不能片面化、简单化，不能"执一"。

中小学生具有思维方式单向化、二分化的特点，班主任可以引导学生寻求多元思维，搭建交流平台，实现思维的多元互补、兼容并收、有机共生。

实现多元思维的最佳策略，就是不断地产生新想法、新主意。想要得到一个好主意，最好的方法是先想出很多的主意。在多样的交流中，聚焦讨论的问题，展开头脑风暴。联想是自发产生的，而且是下意识的。可以试着拿出一张纸，先设定一个目标，规定自己要想出多少个主意，然后再考虑主意是否能奏效。为了捕捉更有创意的想法，先别急着下结论，不妨给自己一点时间，让"子弹"多飞一会儿。说不定在做其他事情的时候，会突然冒出来一个好点子，及时将想法记下来。打破固化思维的壁垒，尝试逆转思维方向，提出多种假设；接触不同的文化，丰富多样的经历；和不同类型的人交流，碰撞彼此的思想；自主学习，拓展知识的深度与广度；对世界充满好奇，敢于尝试新的事物；不断拓展关系网，不被旧有的价值观体系所束缚。这样从不同的维度来观察事物、分析问题，才能得出比较准确的结论。

二、温故知新

子曰："温故而知新，可以为师矣。"

——《论语·为政》

孔子认为，温习旧知识从而得到新的理解与体会，凭借这一点就可以成为老师了。人们的新知识、新学问往往都是在过去所学知识的基础上发展而来的。子曰："我非生而知之者，好古，敏以求之者也。"（《论语·述而》）孔子说："我并不是生下来就有知识的人，而是喜好古代文化，勤奋敏捷去求取知识的人。"孔子喜好学习、研究先哲遗典、古代典章，并在实践中印证、选择。他认为前人知识、智慧所凝结成的遗典、典章等必须用谦卑的态度去尊重、善待，进而学习、研究，才谈得上"好"。真正把握以后，还需要在实践中继续印证，这才是"敏"。有了印证，再根据当下的实践有机地发展、延伸，这才算得上是"求"。一些人认为，孔子泥古、复古是腐儒，不适合当代的需求，是应该被抛弃的糟粕。在这里，孔子以自己为例子，明明白白地表述了对"古"的观点，就是要"敏以求之"。

在班级管理中，班主任要避免把"温故"简单理解为"复习"的片面思想，要引导学生从已知到未知，善于查阅文献，搜索资料，运用所学来推断未来的发展趋势，反复琢磨，反对凭空想象、主观臆测，在温习学过的东西中，不断建立新旧知识之间的联系，从而获得新的体会。

三、学以致用

子曰："诵《诗》三百，授之以政，不达；使于四方，不能专对，虽多，亦奚以为？"

——《论语·子路》

孔子说："如果一个人熟读《诗经》三百篇，但对交给他的政治任务却办不成，做不好；派他出使别的国家，又不能独立应对，这样的人，书虽读得很多，又有什么用处呢？"钱穆在《四书新解》中提到："孔子之学，皆由真修实践来，无此真修实践，即无由名其义韵。"孔子认为学习了，然后要经常去练习它。学习必须与实践、行为相结合，不能脱离实际而空想。"子路有闻，未之能行，唯恐有闻。"（《论语·公冶长》）子路是孔子门生中最具行动力的弟子之一，他听到了一个道理，在没有完全领悟、实践和验证这个道理之前，便唯恐听到新的道理。因为子路认为，理论是用来指导实践的，听到好的道理而不去做，那是一种罪过。他用实际行动诠释了知行合一、学以致用的道理。

但在班级中，学生存在学而不用、学而时用、学而常用等状态。冉求曰："非不说子之道，力不足也。"子曰："力不足者，中道而废，今女画。"（《论语·雍也》）冉求说："我不是不喜欢老师的学说，是我力量不够。"孔子说："如真的力量不够，你会半途而废。如今你却画地为牢，不肯前进。"在班级中，因为认知、态度、方法等问题，也有这样"学而不用"的学生。有的是根本没学会，有的是学习不透彻，有的是学会了却不想用，有的浅尝辄止，学而时用。我们要注意寓教于乐，把人的创造力量引导出来，唤醒生命感和价值感。要少说教，重视师生沟通及班级活动的趣味性、创新性、情感性、互动性、实践性，创造适合的多角度评价，不能用机械的、凝固的、静止的眼光看待学生，要用发展的眼光看待他们，让学生充分发挥个人的特长，不断激发创新潜能。"纸上得来终觉浅，绝知此事要躬行"，只有学而常用，才是最好的学以致用，班主任应引导学生将所学知识实用、巧用、精用。

端正的学习态度，正确的学习方法，是一个人有效学习的前提，有了二者的指引，在为学路上一点点累积，一步步前进，方能在正途之上，学有所获，学有所成。

第二章

以仁带班

　　孔子哲学思想博大精深，其思想核心就是"仁"。作为《论语》中提到最多的一个字，据杨伯峻先生在《论语译注》中统计，"仁"共出现了109次。《论语》中弟子9次问"仁"，但孔子始终没有给"仁"一个明确的定义，只是针对学生的不同提问给出不同的答案而已。

　　"仁"作为孔子哲学思想的核心，描绘了一个既崇高又质朴的生活理想，它不是深奥莫测、高不可攀的，而是简易平实、切实可行的。孔子认为，"仁学"是圣贤人格修养的目标，也是塑造理想人格的途径。孔子及其弟子一生对"仁"的实践，积累了丰富的教育资源，应该被我国当代教育重视。将"仁"学思想融入当代教育，加强对学生的德性培养，不仅可以继承与发扬中华优秀传统文化，还可以促进学生成长、学校发展与社会和谐。这项举动可谓功在当代，利在千秋。

　　本章从"仁"的本质、"仁"的实践、"仁"的追求三个层次，探讨班主任"读《论语》学带班"的实践实操。首先应引导学生明确"仁"的本质。孔子从人本教育观出发，阐述了向善择善、忠恕之道、明是明非、爽直正直等"仁"之本质。其次是引导学生进行"仁"的实践。教会学生识人、爱人，以立人、达人，并懂得识人以仁需谨慎，做到待人以仁需泛爱。第三是引导学生坚定"仁"的追求。从空间的横坐标，在箪瓢乐仁、仁厚乐静中坚定信念，从时间的纵坐标，跨越日、月、年，恒仁成山。

子曰：「仁远乎哉？我欲仁，斯仁至矣。」

第一节　苟志于仁则无恶——"仁"的本质

儒家仁学思想是一个复杂的思想系统，是儒家伦理思想最高的道德原则、标准与境界。"仁"是核心，是诸德之德，凡是"传统"社会意识到的人的美德和能力，都可以归入"仁"的范畴，体现在德性修养、为人处世等各个方面。因此，"仁"有"全德""全能"之称，乃是完美君子人格的体现。

一、仁者爱人

"仁者，人也。"孔子首先把人当作人来看待，在此基础上去"爱人"，由"亲亲"之爱扩展到家国、天下之爱。仁者爱人，这是一种善。向善、择善、行善、至善，此乃"仁"之前提。"忠"与"恕"是儒家推行仁爱思想的两条基本途径，是"为仁之方"。"忠"是从积极方面行仁，"恕"则是从消极方面行仁。忠道、恕道合二为一即为"忠恕之道"，其贯穿于儒家体系的始终，是"仁"的外在表现。

（一）向善为善

子曰："苟志于仁矣，无恶也。"

——《论语·里仁》

孔子说："如果立志追求仁德，就不会去做坏事了。"孔子强调"仁"对行为品格的教化作用。人都有为恶之念，但如果自身能以"仁"的标准严格约束自身行为，那么这种恶念就会被抑制，慢慢被消耗殆尽，从而达到道德上的至善。孔子强调，善是做人的根本。他认为，一个善良的人既不会犯上作乱、为非作恶，也不会骄奢淫逸，而是有益于国家，有利于百姓。

在班级日常管理中，学生难免会做一些"坏"事，如背后说人坏话，嘲笑弱者，对同学遇到的困难熟视无睹等。在学生认知发展的关键时期，班主任应该帮助学生从小立志追求仁德，怀善心，做善行。

1.思想引领，怀善心

孔子曾说过"其义则丘窃取之矣"。"其义"指《诗经》中褒贬善恶的好方法，孔子还将此方法借鉴运用到其他文章写作中。对学生"向善为善"的教育，班主任也可如孔子般巧借资源，从思想上开启学生的善心。

（1）从传统文化中找寻"善之源"

子曰："述而不作，信而好古，窃比于我老彭。"（《论语·述而》）孔子相信并喜爱古代文化，私下里把自己比作商代贤大夫彭祖。孔子还曾言："《诗》三百，一言以蔽之，曰：'思无邪'。"（《论语·为政》）孔子认为，《诗经》中的诗歌表达了一种纯正、无邪的思想。

中华民族传统文化是一种德性文明，它包含厚德载物、协和万邦、忠厚善良等内容。诸如《论语》《孟子》《中庸》《三字经》《弟子规》等经典都内含着与人为善的基因，为"善"的教育提供了丰富的精神素材。班主任可从中寻找善源，深入挖掘"善"之精髓，运用学生易于接受的语言和形式多样的教学方式，让学生充分理解我国传统文化中儒、释、道三家等关于善的传统美德，在其成长路上播下善的种子。

（2）从经典故事中找寻"善之钥"

中国从古至今有很多关于善的故事，如《屈原背米》《张良拾鞋》《孔融让梨》《荀巨伯探望朋友》等；还有很多至善之人，如雷锋、张桂梅等，他们的善心、善言、善举都令世人由衷感动及佩服。班主任可充分利用这些资源，开展"善人善行"故事会。低年级可由教师讲，中高年级可让学生讲。此外，还可开设家长讲堂，邀请家长进班讲"善人善行"之故事。通过不同形式的故事熏陶，学生从中受到善的启迪。

（3）从时事新闻中找寻"善之匙"

作为班主任，不仅要关注时事新闻，更要善于利用时事新闻中典型的有关善的案例，抓住教育的契机。比如：播放地震、特大洪灾、新冠疫情等重大灾害期间出现的感人事迹，启发学生思考，引导学生学习英雄人物善的品质。

（4）从身边案例中找寻"善之方"

在学生身边，如学校、班级、家庭、社区等，也有很多善良之人，班主任可联合家长用照片、视频、文字等多种方式记录学生及身边人的"善行"，以此作为教育资源，让学生感悟善很简单，就在身边，"勿以善小而不为"。

2. 落实实践，行善举

子曰："闻义不能徙。"（《论语·述而》)听到义在那里却不能去追随，这是孔子的"四忧"之一。孔子又言："先行其言而后从之。"（《论语·为政》)，他认为要先实行，然后再说出来。孔子肯定了做实事的重要性，不能浮于表面，只有"做"才是最有力的证据，才能让人信服。同样，"向善行善"也需让学生不断经历实践体验，在"做"中内化，让善的高尚追求有一个展现和发展的平台，真正将善落到实处。

（1）以节日为契机，开展主题活动

妇女节、父亲节、重阳节、教师节等都是开展"善"活动的良好契机。班主任可深入挖掘节日的教育意义，开展相应的活动。例如在妇女节开展"和妈妈一起过节"的活动，重阳节开展"和爷爷奶奶一起散步"的活动，父亲节开展"我的好爸爸"等活动，让学生在实践中感受"善心善行"带来的快乐。

（2）充分利用资源，开展集体活动

班主任可组织学生听英雄模范人物的事迹报告，参拜烈士陵园，帮助孤寡老人，做科技馆志愿讲解员，开展义卖捐助活动等。这些活动都可弘扬正气，行于实践，帮助学生养成善的品德。

（3）以生活情境为契机，开展常态教育

第一，班级可开展"日行一善"活动，引导学生行善从身边小事做起，教育学生养成良好的行为习惯，自觉为他人和社会做一些力所能及的好事。

第二，日常生活中，难免会有学生遇到困难。班主任可抓住此契机，引导学生关爱帮助同学。例如，当有同学生病不能到校时，组织学生以慰问信的方式表达自己的关心；当有同学伤心时，主动递上纸巾给予关怀。这些行为会得到被帮助者的感激，而学生也会在这种感激中感受到被人尊重的愉悦，从而体会到善的高尚。

3.正向强化，促善行

孔子践行仁爱原则，通过恰如其分地表扬，有力地促进了弟子的正向发展，如称赞颜回"贤哉"，称赞子贱"君子哉若人"。启善心，践善行，班主任也需即时、定时给予学生正面反馈，不仅可以强化学生的善心善行，还能为其他学生树立向善、行善的榜样。

（1）即时表扬

当发现学生"善行"时，班主任应即刻给予表扬，或口头，或写表扬信，使学生知道"做善行"会得到尊重，从而进一步激发"善"的情感，强化"善"的行为。

（2）定时评选

班主任可定时评选"善良之星""爱心大使"等。评选可以采用家校社联合的方式，将自主推荐、同学推荐、教师推荐、家长推荐、社区推荐相结合。通过树立典型和榜样，定期进行表彰和宣传，不断激励学生以先进典型为榜样，更好地知善、行善和扬善，促进班级向善氛围的凝聚与形成。

学生价值观尚未成形的时期，在学生的成长中播种一种爱，播种一种善，不断激发学生崇善向善的自觉意识，不断升华学生立善念、存善心、执善行的人格品质，这是教师当仁不让的责任，也是利国利民之事，班主任应坚持为之。

（二）忠道恕道

子曰："参乎，吾道一以贯之。"曾子曰："唯。"子出，门人问曰："何谓也？"曾子曰："夫子之道，忠恕而已矣。"

——《论语·里仁》

孔子说:"参啊!我的学说贯穿着一个基本思想。"曾子说:"是的。"孔子出去以后,学生们问曾子:"老师的话是什么意思呢?"曾子说:"老师的学说,忠恕两个字罢了。"这段对话把孔子的仁学思想归纳为"一以贯之"的"忠恕"之道。在孔子的"仁"学体系中,"忠恕之道"作为"为仁之方"的内容展开,这充分体现了儒家关于"仁"的践行应是从道德情感体悟到道德行为外化的过程,并将其视为"终身行之"的道德理念。

班级中有这样的现象,有的学生很优秀,却不愿意分享自己好的学习方法。在老师的要求下,他们即便愿意说一些,也不是发自内心地全盘托出,难免会存有一些小心思,有所保留。这部分同学,心中已有"立己"的想法,但"立他"的观念还没有形成。班主任可巧用方法破解此困境,引导学生以"忠恕之道"行事,即以个体修身为本,心怀他人,主动尊重、体谅、包容他人,通过自律的方式共同营造良好的人际关系。

1.己立立人,己达达人

子贡曰:"如有博施于民而能济众,何如?可谓仁乎?"子曰:"何事于仁,必也圣乎!尧、舜其犹病诸!夫仁者,己欲立而立人,己欲达而达人。能近取譬,可谓仁之方也已。"

——《论语·雍也》

子贡说:"如果一个人能广泛地给民众以好处,而且能够帮助众人生活得很好,这人怎么样?可以说他有仁德了吗?"孔子说:"哪里仅仅是仁德呢,那一定是圣德了!尧和舜大概都难以做到!一个有仁德的人,自己想树立的,同时也帮助别人树立;自己要事事通达顺畅,同时也使别人事事通达顺畅。凡事能够推己及人,可以说是实行仁道的方法了。"

孔子认为,若想实现博施济众的理想,首先应成为"仁者",具有卓越的才能去"立人""达人",并且有愿意"立人""达人"的高尚品格。仁者再进一步，就是追求博施济众的圣境。将"己欲立而立人，己欲达而达人"的做法推己及人，在普天之下推行仁义，就有可能实现博施济众的终极目的。在班级管理中，班主任可引导学生以"忠道"行之，尽己所能助亲、助友、爱家、爱国，以此实现立人和达人之愿。

（1）事人以忠

"吾日三省吾身。为人谋而不忠乎？与朋友交而不信乎？"（《论语·学而》）儒家将忠与信联系在一起，认为与人交往既要忠诚，还要讲信用。这里的人包括一切个体，可以是朋友、同学、家人，甚至是陌生人。班主任应引导学生由亲及远，尊重他人，共同发展，共同前进。

第一，挖掘各种资源。班主任可深入挖掘资源，如经典故事、榜样人物、时事新闻等，在争论、演绎中引导学生全心全意帮助他人成功，助力他人发展，让学生从中体会以仁德为基础的交往极其宝贵。

第二，在生活中相机教育。班主任需引导学生树立"互利共赢"的意识，建立"互利共赢"的合作与竞争模式，既"达人"也"立己"。

（2）事国以忠

"士不可以不弘毅，任重而道远。仁以为己任，不亦重乎？"（《论语·泰伯》）孔子认为士应该具有一种自觉的责任感和强烈的使命感。仁不仅是远大的追求，更是重大的责任。习近平总书记强调："青年一代有理想、有本领、有担当，国家就有前途，民族就有希望。"总书记希望新时代中国青年要听党话，跟党走，胸怀忧国忧民之心、爱国爱民之情，以一生的真情投入、一辈子的顽强奋斗来体现爱国主义情怀，让爱国主义的伟大旗帜始终在心中高高飘扬！在建设人类命运共同体的时代背景下，应引导学生有博大的胸襟，"修己以安国、安天下"。

第一，看"爱国电影"，培植家国情怀。班主任平时可组织学生观看与"家国天下"有关的电视、电影，让学生写下自己的观后感，培养学生的博大胸襟、家国情怀。

第二，学"杰出人物"，感悟家国情怀。为学生介绍中国杰出人物，比如钱学森、邓稼先等老一辈科学家、航天英雄、劳动模范等，让学生以他们为榜样，树立"个人利益是小、国家利益为大"的观念。

2.己所不欲，勿施于人

仲弓问仁。子曰："出门如见大宾，使民如承大祭，己所不欲，勿施于人。在邦无怨，在家无怨。"

——《论语·颜渊》

仲弓问孔子关于仁的事情。孔子说："出门办事如同会见贵宾，态度要认真；役使百姓如同承办重大的祭祀活动，要谨慎、严肃地对待。自己不愿意做的、不愿意接受的事情，不要施加在别人身上。这样在诸侯国做官，不会招致别人的怨恨；在卿大夫家做事，在家族中做事，不会招致别人的怨恨。"

"己所不欲，勿施于人"即是恕道，它从消极方面行仁，自己都不希望被人此般对待，自己也不要那般对待别人，这其实是一种体谅、宽容他人的心理方法。所谓"宽则得众"，仁爱的"恕"道，有利于引导学生以一种更平和的心态去处理日常生活中的矛盾，有助于引导学生在人际交往中做到严以律己，宽以待人。

（1）以心换心，推己及人

学生在与人交往中，如何才能拥有和谐的关系呢？班主任可引导学生巧用"恕"道，以心换心，推己及人。

第一，引导学生从内心的真情实感出发，胸襟坦荡，为人笃实，不虚伪、不做作，在真诚与真诚的交融中，在心与心的碰撞中换位思考。尤其当出现问题需要解决时，更要"以心换心"，用自己的真实想法引出他人的真实想法，在尊重他人真实想法的前提下，提出解决问题的思路与方法。

第二，引导学生多为他人着想，推己及人。"己所不欲，勿施于人""人所不欲，亦勿施于人""规章制度所不欲，亦勿施于人"。不仅要主动推己及人，还应"推人及己"，让对方知晓自身需求，唯有这样，才能有效开展沟通。

（2）宽以待人，笑泯恩仇

在与人交往中，难免会发生矛盾。那么该以何种方式去化解，才能利人利己呢？子曰："攻其恶，无攻人之恶，非修慝与？一朝之忿，忘其身，以及其亲，非惑与？"（《论语·颜渊》）孔子认为，检查自己的错误，不去指责别人的缺点，这不就消除潜在的怨恨了吗？因为一时气愤，而不顾自身和自己的双亲，这不就是迷惑吗？班主任可引导学生以"恕"处之，以一颗宽容之心化解矛盾。

第一，省自我之错。班主任应引导学生形成自我反思的习惯。当学生和他人发生不快而内心不愉时，引导学生学会自我反思。当学生认识到自己也有不对之时，就能以宽容之心待他人。

第二，谅他人之过。引导学生以宽容之心，原谅别人对自己所做的"令自己不快的事情"，这样才能在"一笑泯恩仇"中继续携手。

忠恕之道，将心比己，推己及人。所谓人心都是肉长的，自己想这样，也要想到别人也想这样；自己不想这样，也要想到别人也不想这样。在"忠恕之道"精神的引领下，学生的道德素质将得到提高。

二、仁者有节

孔子强调推己及人、将心比心的仁道，但这并不意味着放弃应有的善的标准、仁道理想和德性原则，也不是对别人的一味同情、心软乃至附和。孔子的"仁"也有原则，要分清是非善恶、奸诈正直。对于好人、善人，不仅要做到仁，而且还要竭尽所能；对于恶人，则必须严加惩治。

（一）明是明非

子曰："唯仁者能好人，能恶人。"

——《论语·里仁》

孔子说："只有讲仁爱的人，才能够正确地喜爱某人、厌恶某人。"

孔子强调，"仁"人也有原则，能明是明非，做出客观准确的判断。

第三章 以仁带班

这种观点启示我们，在对他人做评价时，不能因个人主观好恶而妄下断言，而应从多方面、多层次、多角度思考，对其进行客观性评价。

如今，对于社会前进中出现的一些或积极、消极，或正面、负面的现象，学生耳闻目睹、心感身受，有时会产生价值观、是非观混乱的现象。在学校主要表现为：有的学生做事心中无是非，有时因单纯模仿或言语挑唆而做出错误行为。作为班主任，我们有责任帮助学生增强明是明非的能力，引导其正确决定舍取，增强其嫉恶从善的意识和能力。

1."是非"标准了然于胸

明确的标准是一把尺子，可以帮助学生衡量他人的言行是否符合道德规范。有了明确的标准，学生在做判断时就有了依据。

（1）以"义"为标准

子曰："君子义以为质，礼以行之，孙以出之，信以成之。"（《论语·卫灵公》）孔子认为义是以"仁"为核心的君子人格所必备的道德要求，它是以仁爱作为基础和本质的。在孔子看来，义是判断是非善恶的标准和衡量人们行为的价值准则。班主任需对学生进行深入的符合其年龄特点和身心发展水平的思想政治教育，培养学生实事求是的观念，树立正确的价值取向，引导他们克服偏执性和片面性，学会从多方面去分析事物。当学生有了正义感后，才能免于被不义的种种表象所蒙蔽，才能真正辨明是非曲直。

（2）以"社会主义核心价值观"为标准

社会主义核心价值观是2017年10月18日习近平总书记在党的十九大报告中强调和重点指出的，从国家、社会、个人三个层面诠释了当代中国价值观的核心内容：富强、民主、文明、和谐、自由、平等、公正、法治、爱国、敬业、诚信、友善。它对于指导学生树立正确的价值观有积极的引领作用。班主任可和学生共同讨论社会主义核心价值观的深刻含义，让学生内化于心，使之成为学生辨别是非的标准。

（3）以"16字箴言"为标准

2018年，习近平总书记对广大青年树立和培育社会主义核心价值观提出16字箴言，即"勤学、修德、明辨、笃实、爱国、励志、求真、力行"，字字饱含习近平总书记对青年"修德"的严格要求及殷切期望，也应成为学生明辨是非的标准。

（4）以"中小学生行为规范"为标准

《中小学生行为规范》是国家对学生日常行为的最基本要求，其目的在于加强对学生的文明礼貌教育和行为训练。班主任可让学生在学习和践行《中小学生行为规范》中，明晰为人标准。

2. "是"之环境浸润于心

子曰："里仁为美。择不处仁，焉得知？"

——《论语·里仁》

孔子说："居住在有仁风的地方才好。选择住处，不居住在有仁风的地方，怎能说是明智呢？"孔子称赞子贱："君子哉若人！鲁无君子者，斯焉取斯？"（《论语·公冶长》）孔子说："子贱是君子啊！如果鲁国没有君子，他从哪里获得这种好品德呢？"孔子认为，环境很重要，宓子贱之所以能成为人格道德完美的君子，是因为他身处贤人众多的鲁国，正是在贤德之人的影响下，再加上个人努力，宓子贱才修成杰出人才。

一个人在适宜善良之心增长的环境中成长，他的善良之心就会强过其他意识。在面对是非时，他的良心会居于主导地位。相反，如果一个人在怨气滋生的环境中成长，他的怨气就会强过其他意识。在面对是非时，他的怨气会居于主导地位。在班级管理中，班主任可从教室物质环境、班级精神环境两方面，创设富有"仁"的班级氛围，以滋养学生的仁德之心。

（1）物质环境创设

班主任可将"是非"的标准、"明辨是非"的方法、名人名言、名人故事等张贴于墙面，让学生随处可见，通过这样的物质环境让"是"之观念入脑入心。

（2）精神环境创设

班主任以身作则，明辨是非，公平公正处理班级事务，在这样的精神环境中，学生自然会受到心灵的浸润。

3."是非"评议助力于行

子曰："吾尝终日不食，终夜不寝，以思，无益，不如学也。"

——《论语·卫灵公》

孔子说："我曾经整天不吃、整夜不睡地去思索，没有益处，还不如去学习。"孔子认为一味空想徒劳无益，在实践中实实在在地学习更重要。学生的思维能力正处在发展阶段，他们更习惯利用形象思维，通过直观感受判定是非。因此，班主任要搭建各种教育平台让学生在真实的案例中增强明是明非的能力。

（1）评生活之实例

公西华曰："由也问'闻斯行诸?'子曰：'有父兄在'；求也问'闻斯行诸。'子曰'闻斯行之。'赤也惑，敢问。"子曰："求也退，故进之；由也兼人，故退之。"（《论语·先进》）公西华说："仲由问'一听到就行动吗'，您说'父亲和兄长都在，怎么能一听到就行动呢'；冉求问'一听到就行动吗'，您说'一听到就行动'。我有些糊涂了，斗胆想问问老师。"孔子说："冉求平日做事退缩，所以我激励他；仲由好勇胜人，所以我要压压他。"从身边的实例中，孔子引导公西华深入思考，得到了启迪。

生活中的见闻和实例可以直接激发学生深入思考和分析，是培养他们形成是非意识和能力的最好凭借。当班级出现两难问题时，班主任不可一言以蔽之，应通过主题班会、辩论会、个别谈心等形式构筑教育平台，采用民主的方法和学生一起探究其中蕴含的道义，让学生在思考、讨论、辩论中明晰道德标准，增强明是明非的能力，培养爱憎分明的情感。

（2）览百态之群书

子曰："君子博学于文。"（《论语·雍也》）孔子认为，君子应广泛地学习文化知识。多阅读，多思考，可从书中人物的经历中习得人生百态。恩格斯曾讲过，在文学作品中，除了人名是假的以外，其他一切都是真的。这些作品反映了丰富的社会道德内容。通过阅读，学生可以了解社会的真善美和假恶丑。知识丰富了，判断、分析和选择的能力便自然会加强。班主任可在班级开展"共读一本书""共评一个人"等综合活动。当学生思考片面化时，班主任要多问几个为什么，推动学生深入思考，使他们弄清评价的标准和依据。对班主任来说，这是点拨、启发、引导；对学生来说，则是从感性认识向理性认识的转化。

（3）行正义之实践

子曰："见义不为，无勇也。"（《论语·为政》）孔子认为，见到合乎正义的事而不做，那是没有勇气。班主任可组织学生从细微处做起，从自身做起，将正义、社会主义核心价值观、学生行为规范等外化于行。

曾子曰："吾日三省吾身:为人谋而不忠乎？与朋友交而不信乎？传不习乎？"（《论语·学而》）曾参说："我每天从多方面反省自己：替别人办事是不是尽心竭力了呢？与朋友交往是不是诚实守信了呢？对老师传授的功课，是不是用心复习了呢？"班主任也可引导学生进行每日反思：我热爱集体吗？我关心同学吗？我尊敬老师吗？我对好人好事有敬佩感吗？对坏人坏事有义愤感吗？这样的反思可促使学生进一步明晰是非标准，强化其辨别是非的能力。

明是明非的能力并非天生，而是后天养成。由依靠他人的辨别到独立分辨是非，需要经历从无到有、由浅入深的过程。而且世间事物千差万别，是与非常常彼此纠葛在一起，表现形式复杂。学生生活领域比较狭小，认知能力正处在发展阶段。班主任在引导启发时，要尽量贴近学生的实际，合乎他们的接受能力，做到循环渐进、深浅有度、难易适当、留有余地。

（二）正直爽直

子曰："人之生也直，罔之生也幸而免。"

——《论语·雍也》

孔子说："人凭着正直生存在世上，不正直的人也能生存，那是靠侥幸避免了祸害啊。"孔子在讲"仁"时，并非局限于"爱人"的一面，也有"恶人"的一面。"君子喻于义，小人喻于利"。孔子认为，不仁之人多是心存私欲，并受此蒙蔽，他们眼中的善恶并非真正的善恶。只有心怀仁德之人，才会不受私欲的影响，而是以"义"为标准，行事正直爽直。一个人只有具备了正直的品德，才会严格要求自己，不谋私利，不刻意隐瞒自己的观点，更不会偷奸耍滑，故意阿谀奉承他人。这种人在处理事情的时候，敢于主持公道、伸张正义，不怕别人的打击报复，他们是在堂堂正正地做人。

班主任在工作中常常会遇到这种情况：黑板被画脏了，地上扔了纸屑……一问是谁弄的，往往无人承认，再问有谁看见了，也是静悄悄地尴尬。班主任是学生锤炼品格的引路人，培养学生正直的品格是班主任不可推卸的责任。

1."孝"中孕直

有子曰："其为人也孝悌而好犯上者，鲜矣；不好犯上而好作乱者，未之有也。君子务本，本立而道生。孝悌也者，其为仁之本与！"

——《论语·学而》

有子说："那种孝顺父母、敬爱兄长的人，却喜欢触犯上级，是很少见的；不喜欢触犯上级却喜欢造反的人，更是从来没有的。有德行的人总是力求抓住这个根本。根本建立了便产生了仁道。孝敬父母、敬爱兄长，大概便是仁道的根本吧！"

父母儿女亲情，是人类最美的情感。孝敬父母是各种品德形成的前提，是做一个正直之人的基本道德要求。现代研究表明，青少年的思想容易受环境影响，尤其是家庭环境。仁孝是孔子学问的基本，而家庭是构成社会的基本细胞，家庭和谐则国家安定。"父慈子孝"和"兄友弟恭"都是相互的，父母对儿女付出慈爱，儿女回过头来爱父母，哥哥对弟弟好，弟弟自然爱哥哥。

（1）主题活动中明廉耻

作为班主任，无法左右学生的家庭环境，但可以通过主题班队会、节日活动等让学生知是非、明廉耻。学生学《三字经》《弟子规》即明白了尊师重道、孝悌忠信，再将这种思想带回家庭，让家庭中的每个成员看到孩子思想上的变化，感受这种思想的魅力。

（2）家校协作中育正直

班主任可通过家长会、家访等方式与家长沟通，引导家长用孝爱的力量为孩子创造民主和谐的家庭环境。在这样家庭中长大的孩子，意志坚定、刚强勇毅、爱憎分明，道德修养全面，富有同情心，更愿意去维护世间的真善美。

2."真"中见直

子曰："巧言乱德。小不忍，则乱大谋。"

——《论语·卫灵公》

孔子说："花言巧语会败坏道德。小事上不忍耐，就会扰乱大事情。"

孔子认为，花言巧语的人不是"仁"者。反之，"仁"者不仅要具有"直"的道德品行，还应该说真话、表真情，"直"的品格离不开"真"的要求，要成为一个正直坦率的人，就应当真情流露，真实地表达内心的思想。在平常的学习生活中，班主任要鼓励学生说真话、做实事。

（1）严格以身作则

子曰："其身正，不令而行；其身不正，虽令不从。"（《论语·子路》）孔子说："作为管理者，如果自身行为端正，不用发布命令，事情也能推行得通；如果本身不端正，就是发布了命令，百姓也不会听从。"以身作则的重要性可见一斑。班主任在平常的工作中也要注意表里如一，不做面子功夫，如应将教室清洁作为班级常规，而非因为学校要大检查才"突击"；每一节课都应认真对待，而非因为有领导听课而提前让学生"准备"。只有班主任的作风"真"，才能形成"直"的班风。

（2）鼓励大胆质疑

樊迟从游于舞雩之下，曰："敢问崇德、修慝、辨惑。"子曰："善哉问！先事后得，非崇德与?"（《论语·颜渊》）樊迟跟随孔子在舞雩台下游览，说道："请问如何提高自己的品德修养，改正过失，辨别是非?"孔子说："问得好啊！辛劳在先，享乐在后，这不就可以提高自己的品德修养吗?"面对弟子的提问，孔子大夸"善哉"，并耐心解答。班主任带班过程中要鼓励学生大胆质疑，大方提问；面对质疑，亲切引导；面对提问，耐心解答。只有参与的双方行为"直"，班级文化的生成才是"真"。

（3）允许"打小报告"

子贡误会颜回偷米吃，入问孔子曰："仁人廉士穷改节乎?"子曰："吾信回之为仁久矣。虽汝有云。弗以疑也，其或者必有故乎？汝止，吾将问之。"召颜回曰："畴昔予梦见先人，岂或启佑我哉。子炊而进饭，吾将进焉。"对曰："向有埃墨堕饭中，欲置之，则不洁；欲弃之，则可惜。回即食之，不可祭也。"（《孔子家语》）子贡问孔子："仁人在穷困时会改变志向吗?"孔子回答："我相信颜回为仁很久了，即使你有这样的看法，也不能因此怀疑他，也许有缘由吧，你先别张扬，我先去问问他。"孔子喊来颜回说："我刚才梦见了先父，这饭很干净，我用它先祭过父亲再吃吧。"因为用过的饭是不能祭奠的，否则就是对先人的不尊重，所以颜回回答道："使不得！刚才煮饭的时候，有点炭灰掉进了锅里，弄脏了米饭，丢掉不好，我就抓起来吃掉了。"面对子贡的疑问，孔子采用迂回方式询问颜回，既保护了同窗情谊，又使弟子明白了"见未真"的道理，尽显圣人气度。

带班过程中，面对学生"打小报告"，班主任也要冷静，智慧处理，保护"告状人"的"直"。有人敢说，愿意说，有利于了解班情，从而进一步开展工作，在"真"中见直。

3. "礼"中寓直

子曰："泰伯，其可谓至德也已矣。三以天下让，民无得而称焉。恭而无礼则劳，慎而无礼则葸，勇而无礼则乱，直而无礼则绞。"

——《论语·泰伯》

孔子说："泰伯可以说是品德最高尚的人了，几次把王位让给季历，老百姓都找不到合适的词句来称赞他。只是恭敬而不以礼来指导，就会徒劳无功；只是谨慎而不以礼来指导，就会畏缩拘谨；只是勇猛而不以礼来指导，就会莽撞作乱；只知道心直口快，不懂得礼，就会尖利刻薄。"孔子认为，直受到"礼"的约束。如若不把握好分寸，"直"往往会与不雅之义联系，如说话"直"容易得罪人。中华民族是礼仪之邦，我们需要发扬正直的品格，但同样也要"直"得合乎礼节。

（1）考虑问题需周全

子贡赎人而不受金于府。孔子曰："鲁国不复赎人矣。"（《淮南子》）子贡赎回鲁国同胞，却主动放弃赎金，树立了大公无私的形象，受到国家的表扬和百姓的称赞。但孔子却认为子贡形成不要赎金的风气，会让其他贫穷的鲁国人陷入两难境地：索要赎金会被笑，不索要赎金会倾家荡产，以后被卖为奴隶的鲁国人就再没有回家的机会了。孔子为其他人考虑，看出了隐藏在其背后的危机。由此可见，正直有礼需要考虑长远，考虑周全。

在班级管理中，若是班主任在发现问题后急于表态，盲目行事的话，很容易令自己陷入困境，那是冲动而不是正直。所以，在发现问题后，先做好调查研究，弄清事情的原委，透过现象抓住问题的实质，然后再采取行动，并随机应变，这才是有礼有节的正直。

（2）突发问题要明智

宰我问曰："仁者，虽告之曰：'井有仁焉。'其从之也？"子曰："何为其然也？君子可逝也，不可陷也；可欺也，不可罔也。"（《论语·雍也》）宰我问道："一个有仁德的人，如果别人告诉他'井里掉下一位仁人'，他是不是会跟着跳下去呢？"孔子说："为什么要这样做呢？君子可以到井边设法救人，不让自己陷入井中；可以被人用正当的理由欺骗，但不可以被愚弄。"孔子认为仁者亦是智者。

在班级管理中，偶尔遇到学生或家长投诉疑似校园暴力的突发行为。遇到这样的问题，一个明智的班主任首先要安抚学生的情绪，然后对当事人和知情者进行询问了解，尽量还原事情真相。如果确为校园暴力，那绝不姑息，一定严肃处理；如果事实并非如此，对于散播谣言者也要进行批评教育。处理问题只有合乎程序，才能真正做到不偏不倚，"直"得让人心服口服。

正直坦荡的品格，应成为世人追求的理想人格。只有拥有这样的品格，才能摒弃复杂社会熏染的世俗和狡诈，回归本真的质朴和纯良，才能真正生活得随心所欲、潇洒自在，成为真正的仁者。

第二节　博施于民能济众——"仁"的实践

"仁"在人际关系当中的一个应用，就是知人识人！樊迟问老师什么是智慧，孔子回答说："知人。"（《论语·颜渊》）知人，也就是要善于了解人、识别人。怎么知人识人呢？子曰："视其所以，观其所由，察其所安，人焉廋哉？人焉廋哉？"孔子这句话的意思是说："看他言行的目的和动机，观察他做事的方式和方法，考察他追求的志向和情趣，这个人还怎么能隐藏得住呢？这个人还怎么能隐藏得住呢？"孔子"识人"的智慧有一个特点，由小见大，见微知著。通过观察某人的言谈举止、过错、众人的评价及其家庭道德去识别人，它是具体的，看得见摸得着的，是切实可行的。我们的班级工作，要引导学生识人、爱人，以立人、达人。懂得识人以仁需谨慎，做到待人以仁需泛爱。

一、识人以仁需谨慎

《论语》里，孔子始终未对仁给出一个明确的定义，只是面对学生的提问给出不同的答案而已。仁是圣贤的境界，孔子一生都在努力行仁。孔子认为，仁爱并不深奥莫测、高不可攀，而是简易平实、切实可行，具有可操作性与可实践性。我们可以借鉴孔子识人的智慧，做到知言识人、君子不器。

（一）知言识人

子曰："巧言令色，鲜矣仁。"

——《论语·学而》

孔子说："满口说着讨人喜欢的话，满脸装着讨人喜欢的面色，这种人很少是仁德的。"孔子认为，要通过观察某人的言谈去识别人。"不知言，无以知人也。"（《论语·尧曰》）不懂得分辨别人说的话，就不可能识人。他反对那种花言巧语而不干实事的人，并警告说"巧言乱德"（《论语·卫灵公》），花言巧语会败坏道德。他还反对那种说大话空话的人，认为"其言之不怍，则为之也难"（《论语·宪问》），那些说话大言不惭的人，往往很难说到做到。在孔子看来，言语就是"仁"的一个外在表现。如果一个人的言语充满了花言巧语、伪善谄媚，说的比唱的还要好听，就不是仁，这样的人也很少有仁德。

在生活中，有学生习惯说假话、大话、空话，许下了承诺却很少付诸实际行动；也有学生喜欢听家长、老师、同学的表扬与赞美，当别人提出批评意见的时候，就表示无法接受。要解决这些问题，班主任可以从以下几个方面入手：

1.懂得表达

对话与沟通，是人与人交往中非常重要的一部分，学校教育也非常重视学生语言表达能力的培养。但是，凡事都得掌握一个度。过度强调语言的表达，刻意追求言语的华丽，就冲淡了实践的意义。作为学生，应该尽量做到说真话、实话，做不到的事情就不要随意做出承诺。

（1）谨慎有信地说

鼓励学生幽默地说、慢慢地说，更要谨慎地说。对自己没有把握的事情，如果你不说，就会被认为是虚伪；如果你能够措辞严谨，选择性地说，会被看为值得信任的人。班主任应以身作则、说到做到。在制定班级规章制度时，要具有一贯性，不能朝令夕改、虎头蛇尾。班主任要重视学生责任感的培养，鼓励学生说到做到。比如，在确立学习目标的时候，鼓励学生要根据自身实际情况写下适合自己的发展目标，脚踏实地、切实践行，不好高骛远。

（2）真情实意地说

日常生活和班级活动中的交流与展示，是一个人思考能力和表达能力的体现，一定要用心参与，做到有感而发。班主任要关注学生在班级活动中的表现，并引导学生在实际生活中，结合自身经历，抒真情感，说真心话，不说空话、大话、假话、套话，更不应充满花言巧语。

2.善待批评

子曰："法语之言，能无从乎？改之为贵。巽与之言，能无说乎？绎之为贵。说而不绎，从而不改，吾末如之何也已矣。"（《论语·子罕》）孔子说："合乎礼法原则的话，能够不听从吗？但只有按它来改正错误才是可贵的。恭顺赞许的话，听了能够不高兴吗？但只有分析鉴别以后才是可贵的。只顾高兴而不加以分析，表面听从而不加以改正，我也没有什么办法来对付这种人了。"孔子所讲以上两点，对于我们今天还有极大的借鉴意义。

学生要区分应该与不应该，喜欢与不喜欢。有的孩子只喜欢听表扬的话语，无法接受他人的批评。只有表扬与赞美，是没有办法进步的。只喜欢听好听的话，或用巧言令色来伪装内心，这样无法真正认识自己。应该端正对待批评的态度，避免巧言令色。

（1）摆正态度，学会倾听

孔子告诫人们，对待正言规劝要能听得进去，并照着去改正错误。无论这个批评是来自于家长、老师、同学，还是其他人，当被别人批评时，不应该摆出一副无所谓的样子，而应以虚心的态度来倾听。

（2）控制情绪，学会辨别

忠言逆耳，而顺耳之言也要仔细辨别其是非真伪。对于恭维表扬的话要去分析其意是真是恶，然后能自省自勉，这才是正确的态度。当受到别人批评的时候，难免会心情不好，甚至心情低落，但这不是拒绝批评意见的理由。在被批评的时候，应该心平气和地接受批评并做出判断，这个批评是否是对自己有帮助，是不是建设性的批评。

（3）直面批评，总结反思

当别人对我们提出了有帮助、有建设性的意见时，我们就应该勇于直面批评，并结合批评、建议，反思自己哪些地方没有做好，应如何改进和完善。听从那些正确的话只是第一步，而真正需要做的是依照正确的意见去改正自己的错误。只有这样，我们才能真正成长和进步。

3.讷言敏行

孔子看中那些诚实勤奋但不善言谈的人，认为"刚毅木讷近仁"（《论语·子路》），要求君子要"讷于言而敏于行"（《论语·里仁》），要通过观察某人的行为去识别人。孔子说："始吾于人也，听其言而信其行；今吾于人也，听其言而观其行。"（《论语·公冶长》）识别人最好的方法，是把他的言语和行动对照起来加以观察，不仅要看他说什么，更要看他做什么。

因此，班级活动要突出实践育人，在实践中观察学生的言语和行动。每学年安排一定时间，开展有益于学生身心发展的实践活动，开展各类主题实践。如爱国主义教育、环境保护教育、健康教育；加强劳动实践，在班级日常运行中渗透劳动教育，组织学生参与班级及校园卫生保洁、绿化美化，积极参与校外农业生产、工业体验、商业和服务业实习实践；教育引导学生参与洗衣服、倒垃圾、做饭、洗碗、拖地、整理房间等力所能及的家务劳动；组织研学旅行；广泛开展与学生年龄、智力相适应的志愿服务活动。

反对花言巧语，不仅要落实在"知"与"行"上面，还要完善评价机制，以激励学生长期坚持言语的真实质朴、言行合一。因此，在带班过程中，班主任要发挥榜样力量，在班级中开展文明言语评比活动，评选"言语诚恳质朴小标兵""言语真实可靠小标兵""言语文明有礼小标兵"……对在班级中起榜样作用的优秀学生进行表彰，促进班级良好言语氛围的形成。还应与家长共同配合，对学生的家庭言语表现进行奖惩。提醒学生在家也应做到言语真实质朴，反对花言巧语；召开"花言巧语是个坑"的主题家长会，与家长达成规范学生言语习惯的一致意见，由家长关注学生在家的言语情况。若有学生在家说假话、说大话，或者是只说自己在学校里面好的表现，对不好的表现只字不提，家长可以告知班主任。家校共同联合了解情况、解决问题，帮助学生改正不良的言语习惯。同时，针对在家做到了言语真实质朴、言行合一的同学，家长要将此情况反馈给班主任，由班主任在班级中一并进行鼓励与表彰。

孔子用他的睿智告诉我们：不要成为一个花言巧语之人，也不要被他人的花言巧语所欺骗。在日常生活中做到真实质朴、知言识人，这才是真正在朝着"仁"的方向迈进！

（二）君子不器

子贡问曰："赐也何如？"子曰："女，器也。"曰："何器也？"曰："瑚琏也。"

——《论语·公冶长》

子贡问孔子："我这个人怎么样？"孔子说："你呀，好比一个器具。"子贡又问："是什么器具呢?"孔子说："是瑚琏。"孔子将子贡比作宗庙里面的玉器，不过，孔子虽然肯定子贡是个专业人才，但他还是希望子贡能在德行上继续努力。孔子的"术业有专攻"承认学习知识和技艺是非常必要的，并不否定知识的重要价值，但这却不能成为"不器"境界的阻碍。"君子不器"并没有要求人们摆脱自己的专业、工作，而是要在此之外对其他事情有关怀，对世界、社会或其他领域有思考、有兴趣，从而跳出功利化的禁锢去追求更广阔的生活。

孔子在评价弟子时一贯反对只重知识评价，而不注重能力评价的做法。他说："诵《诗》三百，授之以政，不达；使于四方，不能专对，虽多亦何以为?"(《论语·子路》)即假如一名弟子只能够死记硬背，即使背得再多，充其量也不过是一名"苗而不秀者"或"秀而不实者"而已。孔子要求学生做到全面发展，从各方面提高自身的素质。在当时就是要学生在诗、书、礼、御、乐、射等方面都加强学习。在孔子的熏陶下，许多弟子都是全面发展的，如颜渊、子夏等。

由此可见，班主任识别学生、评判学生是否做到了"仁"，不能只凭一个维度，要多角度看待，注重全面发展。在校园中，还有"唯分数论"的现象存在。成绩好的同学往往就是老师、学生眼中的"优等生"，是学习的榜样和效仿的对象。殊不知，分数高低并不是判断学生是否优秀的唯一标准。处在青春期的学生，情绪反应剧烈、不稳定，自控力较差。部分学生喜欢刺激与冒险，对枯燥乏味的学习任务缺乏兴趣与专注力。这部分学生成绩不突出，但并非没有闪光点，也不代表他们没有发展的潜力。班主任需要努力发现每位学生身上的优势，与家庭、社会多方合作，搭建多元平台，创设多维度的评价方式，帮助学生激发天性和潜能，使班级中的每一位学生都能绽放出属于自己的精彩。

1.创建多元平台

子路问成人，子曰："若臧武仲之知、公绰之不欲、卞庄子之勇、冉求之艺，文之以礼乐，亦可以为成人矣。"曰："今之成人者何必然?

见利思义，见危授命，久要不忘平生之言，亦可以为成人矣。"

——《论语·宪问》

子路问怎样才算是完人。孔子说："像臧武仲那样有智慧，像孟公绰那样不贪求，像卞庄子那样勇敢，像冉求那样有才艺，再用礼乐来增加他的文采，就可以算个完人了。"孔子又说："如今的完人何必要这样呢？见到利益能想到道义，遇到危险肯献出生命，长期处在贫困之中也不忘平生的诺言，也就可以算是完人了。"

古代男子二十岁要行冠礼，表示已经"成人"，这时他就要为自己的道德行为负责，所以修德、完善自己是一件很重要的事情。在孔子看来，人能兼具臧武仲、孟公绰、卞庄子、冉求这四种人的智、廉、勇、艺的优点，再加上礼乐的修养，就接近于完人了，这是非常高的标准。孔子又说，在现实中能做到重义轻利、勇于担当，而且要"久要不忘平生之言"，也就算是完人了。其"见利思义"的思想，对后世影响深远。

从脑发育规律来看，大脑的前额叶皮层是负责做决策和解决问题的，且前额叶皮层在青少年阶段最活跃。也就是说，如果在中小学阶段给予学生更多的机会去练习，学生的决策能力和解决问题的能力会获得更大的发展。这就要求班主任充分尊重和挖掘学生的特点与优势，帮助学生实现个性化、多元化发展。

班主任应提供多元平台，包括自主管理与特长展示等。设置适合各类学生参与的班级管理岗位，选拔、培养和任用一批工作能力强、热情高的学生干部，组建实干、高效的班级干部团队，放手将班级自主管理交给学生，比如早读管理、自习课管理、考试管理等，提高班级管理效率，锻炼并展示学生的自主管理能力。如果对学生的兴趣爱好引导得当的话，将会对学生产生积极作用。比如，第一步，可以让每个学生参与班级活动，鼓励每个学生依据自己的兴趣爱好申报班级活动，并将这些活动做成班级系列活动。第二步，可以在系列活动中，适度增加"班级好声音""班级诗词达人""班级厨艺达人""班级魔方秀""班级最强大脑""班级百变大咖秀""班级奇葩说""班级模仿秀""班级吉尼斯"等活动，锻炼学生思维，激发学生潜力，提升综合素养，也有利于集体凝聚力的提升，促进班级和谐发展。

2.形成多维评价

孔子提出，要通过观察众人的评价去识别人。孔子说："众恶之，必察焉；众好之，必察焉。"（《论语·卫灵公》）在实际生活中，有的人敢于为大义而冒天下之大不韪，或者为坚持真理而特立独行，往往因此而"众恶之"。有的人善于投其所好、巴结逢迎、沽名钓誉、八面玲珑，往往因此而"众好之"。子曰："君子不可小知而可大受也，小人不可大受而可小知也。"（《论语·卫灵公》）孔子说："君子不可以用小事来察知，却可以接受重任；小人不可以承担重任，却可以用小事来察知。"孔子提出了人才的重要性，并且指出人人都有长处，都有闪光点，都有可堪利用的才能。因此，我们一定要从自我、小组、教师、家长等多个维度对学生进行考察、辨别和评价，这样有助于挖掘每个学生身上的独特闪光点，让每一位学生找到自信，获得成就感，实现全面健康发展。

（1）自我评价

班主任引导学生结合自身的实际情况，制定自我成长目标，比如全勤目标、"日行一善"目标、主动求知目标、感恩目标等自我突破目标。对于因胆怯不敢当众表达的学生，评价自己是否做到了"每日一问"；对于做事拖拉的学生，评价自己是否做到了"今日事今日毕"；对于常常迟到的学生，评价自己是否做到了按时到班。班主任还可以制作加分卡，内容包括姓名、申请加分事项、申请加分等栏目。每周四，学生根据自己的表现填写加分卡并交给班主任；每周五，由班级审核小组核定是否通过加分申请。分数可以兑换成心愿卡、选择卡、积分等奖励形式。这样的评价方式可以在一定程度上激发学生自我发展和成长的内驱力。

（2）小组评价

小组评价是小组团建的重要内容，班主任要认真思考小组评价"为何评""评什么""怎么评"等问题。小组评价可采取"1+X"的方式，"1"指班级的整体评价，"X"指推动小组合作的特色评价，是适合小组实际的发展项目。重视小组内的合作性发展评价，弱化组间的竞争性结果评价。可以创设"最佳合作团队""最佳进步团队""未来可期团队"等评价项目，以此作为小组共同发展的新起点。

（3）教师评价

班主任要关注学生的多方面表现情况，对不同方面的进步与闪光要给予及时的评价。比如，"四个一"的点赞方式，给学生一个微笑、一个拥抱、一个点头、一次握手，表达的都是对学生的关爱与期望，也是对学生的肯定与鼓励。班主任还可以在活动中为学生拍拍照，记录精彩瞬间，并在活动照片背后，写上故事，附上寄语，这也是一种有意义的评价方式。

（4）家长评价

家长作为学生的父母，是最了解学生的人。家庭教育是孩子成长的基石，是整个教育体系中不可分割的重要组成部分。共建家校之间的协同合作，构建育人共同体，对学生的健康成长与发展有更多好处。

班主任可以分享学生的学习动态、班级管理举措等，让家长了解学生及班级发展情况，邀请家长参与学生评价。由家长拟定评定项目，将家长对孩子的评价，以小组或全班分享的形式来展现，以此来关注学生的多元发展与持续进步。

多元平台的搭建、多维评价的实施，有助于打破"唯分数论"的单一评价局面，帮助学生增强自信，实现全面发展。

二、待人以仁需泛爱

《论语》中孔子对"仁"做出了许多解答，其中心思想是"爱人"，以"爱人"作为立人、达人的重要原则。如果整个社会都能建立在仁爱的基础上，社会也将变得和谐有序。儒家所提倡的仁，就是一种从爱自己、爱亲人到爱众人以至于爱万物的由近及远的差等之爱。

（一）爱己

子路入，子曰："由，知者若何？仁者若何？"子路对曰："知者使人知己，仁者使人爱己。"子曰："可谓士矣。"子贡入，子曰："赐，知者若何？仁者若何？"子贡对曰："知者知人，仁者爱人。"子曰："可谓士君子矣。"颜渊入，子曰："回，知者若何？仁者若何？"颜渊对曰："知者自知，仁者自爱。"子曰："可谓明君子矣。"

——《荀子·子道》

子路进入，孔子说："智者应该怎样做，仁者应该怎样做呢？"子路回答说："智者要能够使别人了解自己，仁者要能够使别人爱自己。"孔子说："你够得上做一个'士'的标准了。"子贡进入。孔子又问："智者应该怎样做，仁者应该怎样做呢？"子贡回答说："智者知道别人，仁者爱护别人。"孔子说："你可以做士君子了。"颜渊进来，孔子又问："颜渊，智者应该怎样做，仁者应该怎样做呢？"颜渊回答说："智者做到自知，仁者做到自爱。"孔子说："你可以做一个聪明的君子了。"

自孔孟以来，仁者爱人成了儒家的共识。孔子提出关于仁者做法的问题，子路的答案是"使别人爱自己"，子贡的答案是"爱护别人"，颜渊的答案是"仁者自爱"。面对三位弟子给出的不同回答，孔子分别给出了不同的评判。其中，对颜渊的"仁者爱人"答案最为满意。孔子认为爱亲、爱人的基础是爱己，不会爱自己的人又如何会爱别人。要做到爱己，孔子所倡导的观点是：

1.爱护身体

孟武伯问孝，子曰："父母唯其疾之忧。"

——《论语·为政》

孟武伯向孔子请教孝道，孔子说："父母只为孩子的疾病担忧，而不担忧别的。"

爱己是爱亲、爱人的前提。作为子女，担心父母的身体是尽孝，保护好自己的身体不让父母担心也是尽孝。《孝经·开宗明义》中也提到：

"身体发肤，受之父母，不敢毁伤，孝之始也。"这是告诉我们，身体、皮肤都是来源于父母，不能轻易毁坏、伤害，这是尽孝的前提。

脑科学研究显示，青春期的孩子情绪正处于"疾风骤雨"期，情绪反应剧烈、不稳定。校园中，经常会出现学生因为情绪管理不当而引发的各类问题。在新闻中，也时有学生自杀、自残及伤人的现象。这显示出，部分学生缺乏对生命最基本的敬畏。因此，班级有必要开展生命教育、健康教育、安全教育。

（1）开展生命教育

发挥学科协同育人的作用。道德与法治等学科中有引导学生珍爱生命的课程，让学生在课程中感受生命的来之不易。课后，班主任可以继续开展珍爱生命、抗挫教育、死亡教育等主题活动，了解学生对于生命的看法，引导学生懂得尊重与敬畏生命，明白挫折的积极意义，增强面对挫折的能力，树立正确的生命观。

（2）开展健康教育

学生的健康教育包括睡眠健康、饮食健康、身体健康等。

根据当前"双减"政策的要求，学校、教师必须减轻义务教育阶段学生过重的作业负担。这就要求班主任加强与科任教师、学生的沟通，每天关注班级作业的数量和学生写作业的时间，关注班级老师每天布置的作业是否做到了分层布置、个性化布置等。

每天班主任还要关注学生的睡眠时间，对于睡眠不足的学生，要了解情况，帮助学生进行调整。班主任在午休时间多到教室巡查，确保学生的午休时间不被其他任务打扰、侵占。

除了学校安排的体育锻炼，班主任也可以做好班级每天或每周的体育锻炼安排，引导学生强健体魄。

（3）开展安全教育

班主任可以建立班级突发事件处理的机制，组织学生学习突发事件的处理方法，了解班级突发事件的处理流程。引导学生认识突发事件是不可避免的，要正确看待并冷静处理。重点是教会学生在面对突发事件时，要树立保护自己的意识，掌握保护自己的方法。此外，还可以开展各类安全教育，比如交通安全、食品安全、运动安全等，引导学生时刻谨记安全是第一要义。

2.悦纳自己

子曰："十室之邑，必有忠信如丘者焉，不如丘之好学也。"

——《论语·公冶长》

孔子说："即使只有十户人家的小村子，也一定有像我这样讲忠信的人，只是不如我那样好学罢了。"这句话是孔子对自己忠信品质的评价，从言语中可以读出孔子对自己的肯定，这就是一种悦纳自我的表现。悦纳自我的人能看到自身的优点，同时能用发展的眼光看待自身的缺点，自己与自己达成和解，这是对自身生命意义和价值的肯定。

在校园中，不同学生的发育速度差别很大，在学校里的表现也不同：有的优秀、自信，有的自卑、畏首畏尾，遇事患得患失。对于处在不同发育节奏的学生，班主任应引导每位学生正确认识自己与他人的发育差异，在学习生活中悦纳自我。具体说来，班主任可以这样做：

（1）给予尊重之爱

尺有所短，寸有所长。班级学生个体发展存在差异，这不可避免。这需要班主任恰当了解每位学生的家庭情况、性格爱好、言行习惯等，对待学生做到不偏不倚，充分发挥教育的力量，给予学生尊重的爱，来唤醒学生人性中天使、光亮的一面，进而引导学生以阳光、积极的一面来示人。具体说来，就是当班主任发现学生身上的缺点、劣势、不足时，不要紧紧盯着学生身上的短板和问题不放，应立刻转移目光，去挖掘学生身上的优势、潜能，通过提升学生身上天使、阳光的一面，来促进学生悦纳自我、发展自我。

同时，做好对学困生的鼓励和引导，学困生转变为优生的事例并不少见，应该充分发挥导师作用，意识到爱是相互的，能引导学生尊重自

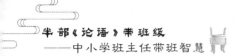

己、悦纳自己。

（2）给予宽容之爱

子曰："成事不说，遂事不谏，既往不咎。"（《论语·八佾》）孔子在评价弟子时遵循了既往不咎的原则，对弟子过去的过错不再追究与责怪。孔子还说："与其进也，不与其退也，唯何甚？人洁己以进，与其洁也，不保其往也。"（《论语·述而》）孔子认为应该促使他人进步，不应该促使其退步，凡事不能做得太过，若他人愿意追求上进，就应该赞成他的这种做法，而不要总是抓住他的过去不放。这体现出孔子与人为善的处事态度和宽容精神，对有进取之心的人加以鼓励，而不拘泥于过去的过失。相信人人可教，错皆可改，有"成人之美"的愿望，才能"诲人不倦""有教无类"。

2021年3月1日实施的《中小学教育惩戒规则（试行）》中规定，学校和教师可以有基于教育目的，对违规违纪学生进行管理、训导或者以规定方式予以矫治，促使学生引以为戒、认识和改正错误的教育行为。惩戒，是不得已而启用的最后一种教育手段。在对学生的教育惩戒中，班主任应注意宽容和惩戒的关系与尺度：对于学生的无心之过，班主任的处理办法应是帮助学生意识到人人都有可能犯错，不能因此而否定自己，在试错中同样能成长、进步；对于违反校纪校规的严重错误，也要在按校纪校规处理的同时，再次给予学生改过的机会，并引导学生明白一次错并不能最终决定什么，可以利用纠错契机重新给自己一个机会，未来依然精彩。

爱人先爱己，爱己是基于人的本能。班主任应引导学生不仅要爱自己的生命，还要关心自己的身心健康，同时还应认识自己、悦纳自己，做到这些就已经达到了仁者的境界。如果通过我们的努力，能让学生树立起尊重生命、敬畏生命的意识，并能在生活中做到悦纳自我，班主任对这项工作的付出就是非常有意义的。

（二）爱亲

有子曰："其为人也孝悌而好犯上者，鲜矣；不好犯上而好作乱者，未之有也。君子务本，本立而道生。孝悌也者，其为仁之本与!"

——《论语·学而》

有子说："那种孝顺父母、敬爱兄长的人，却喜欢触犯上级，是很少见的；不喜欢触犯上级却喜欢造反的人，更是从来没有的。有德行的人总是力求抓住这个根本。根本建立了便产生了仁道。孝敬父母、敬爱兄长，大概便是仁道的根本吧!""孝"是一个人最基本的品行，也是一个人可以教化的依据。孔子认为，要通过观察某人的家庭道德去识别人。"孝弟（悌）也者，其为仁之本与"（《论语·学而》），"夫孝，德之本也，教之所由生也"（《孝经》），讲的就是这个道理。《孝经》特别强调，那种不爱自己的父母而去爱他人的人，叫做违背道德；那种不尊敬自己的父母而去尊敬他人的人，叫作违背礼法。这种人虽然有可能一时得志，但是君子却并不看重这种卑劣的行为。汉代采用举孝廉的办法考察、识别、任用官员，正是对孔子这一思想的继承和弘扬。《论语》中一共十九次提及"孝"。孝悌是评判一个人是否做到仁的一个标准，孝悌是中华民族的传统美德。所以当一个人对父母孝顺、对手足友爱，就意味着这个人拥有了优秀的道德品质。

爱亲，是一种发自内心的真情流露，就是要做到孝顺父母、爱护手足。青少年是国家的未来、民族的希望，这要求在学校教育中，班主任要加强对学生的孝道教育，引导学生孝顺父母、爱护手足。

1.孝顺父母

孝顺父母是中华民族的传统美德，也是做人的基本要求和修养。只有具备了对父母的敬爱心、感恩心，在生活中积极孝敬父母、感恩父母，才能去感恩他人、感恩社会、感恩祖国。

（1）敬爱心

子游问孝，子曰："今之孝者，是谓能养。至于犬马，皆能有养；

不敬，何以别乎?"

——《论语·为政》

子游问孔子孝是什么，孔子说:"如今所谓的孝，只是说能够赡养父母便足够了。然而，就是犬马都能够得到饲养。如果不存心孝敬父母，那么赡养父母与饲养犬马又有什么区别呢?"

孔子认为，孝敬父母并不仅仅是赡养父母吃喝，还要关心父母的身体、尊重父母的意见、注重父母的精神需求，这才是做到了对父母的敬爱之心。然而在当今时代，随着信息技术的快速发展，学生与父母在信息的获取权面前都是平等的，父母的言传身教不再具有支配力量。同时，随着学生年龄的增长，学生独立意识逐渐增强，导致部分学生在言行中有不尊重父母的现象出现。对此，班主任应该从对学生的孝道教育入手，增强学生敬爱父母的孝道意识，以此帮助学生从内心树立孝顺父母、敬爱父母的道德意识。

班主任可以开展"敬爱父母"主题活动，讲解孝道内容，布置《父母对我的爱》的创作任务，使学生感受来自父母的爱。还可以在班级中进行对待父母的言行调查，帮助学生看清和判断自我言行的恰当与否。只有认识到敬爱父母的必要性和重要性，并意识到自己应该敬爱父母，才能真正自觉、主动地践行。

（2）感恩心

子夏问孝。子曰:"色难。有事，弟子服其劳;有酒食，先生馔，曾是以为孝乎?"

——《论语·为政》

子夏问什么是孝，孔子说:"当子女的要尽到孝，最不容易的就是对父母保持和颜悦色。仅仅是有了事情，儿女替父母去做;有了酒饭，让父母吃，难道能认为这样就可以算是孝了吗?"

孔子认为，对父母尽孝除了要有敬爱心，还应该要有感恩之心和感恩的行动。有的学生虽然明白应该孝顺父母、感恩父母，但是很多时候没有落实到行动上；当与父母发生分歧的时候，对待父母的态度与语气也不好。这是认知与实践、理想与现实的分离。这导致部分学生以自我为中心，认为父母的爱是理所当然的，忽视了自己对父母、对社会的感恩行动与回报。对此，班主任应积极在班级推动感恩意识的形成和感恩行动的落实。

班主任可以利用"家校联系本"开展感恩打卡活动，鼓励学生每天至少一次感恩父母的言语或行动。例如，送上一句关心的话语，给父母一个拥抱，倒上一杯热水……这样的方式有利于学生感恩活动的落实与坚持。也可以利用传统节日连续性地开展感恩父母的活动，鼓励学生在日常生活中创设节日的仪式感，比如，"每晚8:00"微型家庭会议（视频），每周家庭电影日，每月亲子锻炼日，每年家庭日活动……班主任还可以开展"家庭责任会"主题活动，引导学生树立家庭责任意识，增强家长教育责任能力。建议家长不要只是把学生当成小孩子看待，可以让学生在能力范围内承担一些家庭责任，让学生在为家庭的付出中明确和实践家庭责任。

2.关爱手足

子路问曰："何如斯可谓之士矣？"子曰："切切偲偲，怡怡如也，可谓士矣。朋友切切偲偲，兄弟怡怡。"（《论语·子路》）子路问道："怎样才可以称为士呢？"孔子认为，朋友之间互相勉励督促，兄弟之间和睦相处，就可以叫作士了。孔子曾提到"孝乎惟孝，友于兄弟，施于有政"，孝顺父母，友爱兄弟，把这种孝悌精神扩展，影响到政治上去，这也是参与政治。关于兄弟姐妹关系，《论语》曾经用"弟"和"悌"来说明。"悌"是指兄弟之间的相处之道。孔子认为，仁者对待兄弟应该爱护和尊重，具体来说就是兄弟姐妹之间应该相互爱护、互相扶持。

如今，越来越多的学生拥有了自己的兄弟姐妹，有的家庭兄弟姐妹之间相互扶持、和谐相处，有的家庭兄弟姐妹之间剑拔弩张、矛盾突出。因此，引导学生与兄弟姐妹相处，共建文明、和谐的家庭势在必行。

首先，班主任在班级建立之初应了解班级学生的家庭成员构成情况。

其次，对家庭中兄弟姐妹关系紧张的学生应予以重视并持续关注，针对不同学生的家庭问题与学生、家长进行充分沟通，找准问题所在，在家长的协同下引导学生更好地处理兄弟姐妹之间的关系。

第三，邀请家庭成员参与班级活动，比如在元旦节、国庆节、六一儿童节等庆祝活动中，设置多种活动形式，用现场、视频或者书信的方式，密切学生与兄弟姐妹的亲情关系，提升家庭成员亲密度。

第四，利用主题活动向学生展示兄友弟恭优良家风的典故，学习全国文明家庭、最美家庭、优秀道德模范人物的事迹，引导学生注重家庭、注重家教、注重家风，推动形成爱国爱家、相亲相爱、向上向善、共建共享的社会主义家庭文明新风尚。

中华民族传统文化强调百善孝为先，孝道是"仁"的基础和核心。父母是孩子的第一任老师，家庭是孩子的第一所学校。家庭环境因素对学生的影响是最为直接、深刻的。这要求班主任在带班过程中应关注学生的家庭情况，引导学生懂得"孝悌"思想的积极价值与意义，并在生活中真正践行孝顺父母和爱护手足，树立正确的家庭观。

（三）爱人

"仁者，爱人也"，孔子哲学思想中的仁爱之心，不仅要求做到爱己、爱亲，还将其扩展到爱人这一境界。爱人，就是不仅要爱身边的人，还要做到心怀天下。

1.尊敬老师

孔子是我国古代伟大的思想家和政治家，儒家学派创始人，他也是第一个打破贵族教育垄断，开创系统性、大规模私学的人。他将很大一部分精力用在教育事业上，弟子多达三千人，其中有名的弟子有七十二个，子贡便是其中之一。子贡在学业政绩上、在理财经商上均有突出成就，他非常尊敬自己的老师。一次，鲁国有个大夫在人前贬低孔子，抬高子贡，刚好被子贡听到了，他非常气愤，丝毫不因为那人在夸自己而给他留情面，当即打了一个比方。他说："如果说每个人的才能就是一所房子，那么老师的房子围墙就有十多丈那么高，屋子里富丽堂皇，一般人没法翻过围墙看到里边的摆设；而子贡我的房子呢，不过是只有肩高的围墙，一眼就可望尽。"接着，他又把孔子比作太阳和月亮，太阳和月亮可是光彩照人，不是常人所能超越的呀！大夫听了这一席话，脸上一阵红一阵白，十分惭愧。"昔者孔子没，三年之外，门人治任将归，入揖于子贡，相向而哭，皆失声，然后归。子贡反，筑室于场，独居三年，然后归。"孔子死后，弟子们守孝三年之后，在收拾行李准备回去前，走进子贡住处作揖告别，相对而哭，都泣不成声，这才回去。子贡悲痛万分，他又回到墓地重新筑屋，独自再住了三年才回去。子贡竭力维护老师的尊严和名声，守护老师的遗冢，以此来表示自己对老师的尊敬和爱戴。

中华师道，源远流长，孔子的一生，其治学之道、为师之道、从师之道，都给我们留下了珍贵的财富。班主任要开展多种活动，让学生了解中华传统师道悠久的历史和深刻的内涵，理解并践行尊师重道的礼仪、礼节。

2.心怀天下

"修己以敬""修己以安人""修己以安百姓"，孔子卓尔不群的君子人格，是胸怀宇宙，关怀众生，悲天悯人的社会责任感的具体体现。孔子认为作为君子要重视自身的修养，要做服务于社会的人，"修己"以达到"安人""安百姓"，使人们生活稳定、人心安定，使社会秩序稳定。

处在中国特色社会主义新时代，"中国梦"要想由"梦"转变为"实"，班主任就要引导学生把以爱国主义作为核心的民族精神和以改革创新为核心的时代精神内化为精神动力，以培养学生心怀国家、心怀天下的政治素质。教育不仅仅是为了"知"，更是为了"仁"。心怀天下的理想作为实现人的全面发展和中华民族伟大复兴道路上的"仁"，应真正做到让每位学生入耳、入脑、入心。

第三节　我欲仁斯仁至矣——"仁"的追求

子曰："仁远乎哉？我欲仁，斯仁至矣。"

——《论语·述而》

孔子说："仁远吗？我想要仁，仁即来了。"孔子把仁看作最高的道德原则、道德标准和道德境界。仁包括孝、弟（悌）、忠、信、礼、义、廉、耻、仁、爱、和等内容。孟子曾说，"人之初，性本善"，其实每个人的心底都有仁。

在班级工作中，班主任应引导学生识人、爱人，以立人、达人。但追求仁的人生路，很像西天取经，会遭遇挫折的阻挠，会受到利欲的诱惑，即使逾越这些障碍，人也难以跨越"时间"这座大山。孔子之所以说仁道难修，原因大概在于此。通观《论语》，被他认可达到仁境的，也只有尧、舜、禹、文王、周公数人而已。但孔子又言，内心"欲仁"，仁就会随之而来。

一、箪瓢乐仁

子曰："贤哉，回也！一箪食，一瓢饮，在陋巷，人不堪其忧，回也不改其乐。贤哉，回也！"

——《论语·雍也》

孔子说："颜回多么有修养呀！用一个竹筐盛饭，用一只瓢喝水，住在简陋的小巷子里，别人都忍受不了那穷苦的忧愁，颜回却能照样快乐。颜回多么有修养呀！"颜回选择简单的生活，却不改内心之仁。观孔子，他偶有"累累若丧家之狗"，时有晃晃奔走居无定所，空有满腔政治理想却不得施展，身边的学生也有过一些质疑，但他却不怨天、不尤人，下学而上达，真正做到了克己正心，克服万难，守仁行仁。

（一）克己安仁

子曰："饭疏食，饮水，曲肱而枕之，乐亦在其中矣。不义而富且贵，于我如浮云。"

——《论语·述而》

孔子说："吃粗粮，喝冷水，弯着胳膊做枕头，也有着乐趣。通过干不正当的事得来的富贵，在我看来好似浮云。"孔子把不正当的富贵当作海市蜃楼，克己安仁，享粗茶淡饭，冷菜馒头，怡然自得。子曰："君子食无求饱，居无求安，敏于事而慎于言，就有道而正焉。可谓好学也已。"（《论语·学而》）孔子说："君子食不追求饱足；居住不追求安逸；对工作勤奋敏捷，说话却谨慎；接近有道德有学问的人并向他学习，纠正自己的缺点，就可以称得上是好学了。"孔子认为，君子要善于抵制物欲，要尽可能地把精力用于追求理想和真理上。人活着不仅仅为了求得饱暖安逸，还应该有一种对理想的精神追求。有了这样的理想，就不应再沉溺于物质的欲望，要有克制自己的能力，把对物质的追求，提升为对真善美的追求，以及精神的独立上来。这样就不会去计较私欲得失，蝇营狗苟，而会敏于事而慎于言，使自己的内心清澄，去接近有道之人来匡正自己。

子曰："吾未见刚者。"或对曰："申枨。"子曰："枨也欲，焉得刚。"（《论语·公冶长》）孔子说："我没有见过刚毅不屈的人。"有人回答说："申枨是这样的人。"孔子说："申枨啊，他的欲望太多，怎么能刚毅不屈？""欲"是想要得到某种事物，或想达到某种目的的要求。人要生活下去，就会有各种各样的"欲"。生存需要、享受需要、发展需要构成一个复杂的需要结构。欲望包括梦想与贪欲，适度的物质欲望是合乎常理的，可称为"对美好生活的向往"，也是创造美好生活的一种动力。

欲望有善恶美丑之分，欲望与情理相合才正当。但自己的欲望太多，就容易迷失方向。非我所有，欲求之，为贪；己所有之，无止境，为贪。所以，凡事要有度。欲望太多，生贪心；欲望过多，难自拔。贪求欲者，被财物、权势等蒙住心窍，一直求而不得，终至洪欲成灾。所以，对于欲望的把控，关键在于数量的掌控和结构的优化。

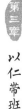

当下世界，物质丰富，新技术急剧更新，信息如洪流向人们袭来，人内心的贪欲也容易滋生、蔓延。孔子说："知之者不如好之者，好之者不如乐之者。"好之者，就是好德如好色；乐之者，就是生知安行，居仁行义。孔子还说："求仁得仁，又何怨。"你好的是善，求的就是仁，那是诚意到家了，就是天下之至诚，至诚如神，那是《中庸》的最高境界。贪欲的形成并不简单来自于外界的诱惑，还来自于内心对贪欲的追求。每个人都可能会有贪欲，关键就在于是否能控制自己，是否能以仁的要求约束自己。求仁得仁，这样才能远离功利得失之心，固守内心安宁。

因此班主任应引导学生，不片面追求物质上的优越生活，而要重视精神世界的构建；不追求名牌，而要简简单单做人；不相互攀比，而要踏踏实实做事；不看重名次，而要扎扎实实求学。追求宁静致远，大道至简，方能持守不失，固守仁之本心。品德不是天生的，而是后天修养成的，要修养到如恶恶臭，如好好色，做到好德如好色般自然，形成不需要大脑控制的条件反射，那即是克己安仁的至高境界。

（二）仁厚乐静

子曰："知者乐水，仁者乐山；知者动，仁者静；知者乐，仁者寿。"

——《论语·雍也》

孔子说："智者的快乐，就像水一样，安详悠然，永远是活泼的；仁者的快乐，就像山一样，伟大、宁静。仁者多半是深厚、崇高的，宁静得像山一样；智者是快乐的，兴趣是多方面的。宁静有涵养的仁，情绪比较稳定，不易发脾气，看事情冷静，寿命自然长一点。"孔子曾言："吾少也贱，故多能鄙事。君子多乎哉？不多也。"（《论语·子罕》）孔子自小好学，多才多艺，但他却认为君子不可能穷尽所有的技艺。孔子成为鲁国宰相后，本想一展抱负，却最终被迫离开鲁国。他55岁从鲁国出发，大致走了卫国、曹国、宋国、齐国、郑国、晋国、陈国、蔡国、楚国等地。现如今，大致路线为曲阜—菏泽—长垣—商丘—夏邑—淮阳—周口—上蔡—罗山，然后原路返回。孔子68岁时，在其弟子冉求的努力下，被迎回鲁国，但仍是被敬而不用。

　　一次，孔子被困于陈国、蔡国之间，七天没有烧火煮饭，喝不加米粒的灰菜汤，面色疲惫不堪，然而还在室中弹琴唱歌。颜回择菜，子路和子贡互相议论说："老师辗转各国，穷困于商、周，围困于陈、蔡之间。他还在唱歌弹琴，声乐不绝，没有羞耻之心的君子就是这样吗？"子路认为这种状况是穷困的。孔子推开琴，唉声叹气地对他们说："君子能通达道理的叫作通，不通达道理的才叫作穷。现在我孔丘坚守仁义的道理而遭到乱世的祸患，怎能说是穷困呢！我们要自我反省而无愧于心中的道，要面临困难和灾难而仍不失内心的德行。所以，寒天来到，霜雪降临，我这才知道松柏树的茂盛。陈蔡被围困的危险，对我孔丘来说正是自己的幸运啊！"孔子孜孜不倦地、坚定地追求内心的仁道，如高山立于风间，不被外在的事物动摇，自有一股"任尔风吹浪打，我自岿然不动"的气度，可谓安详沉静，不役于物，也不伤于物。

　　孔子教育弟子只要肯努力，内心有"欲仁"的想法，仁就会随之而来。仁并非高不可攀，只要真心诚意地、自觉地去追求，任何人都能达到仁。班主任应引导学生，在求仁行仁陷入困境时，要内心坚定，抵御外界的诱惑，积极探求自身价值，尝试体验仁心仁德所带来的幸福感，充分体验仁爱的博大，感受生命的乐趣与价值。这里的关键在于主观意愿上是否自觉。一个人真想成为仁者，只要其内在自觉地朝着这个方向努力，就一定能够做到，因为仁就在我们的身边。

　　仁爱并不高深，只要做到好德如好色，就能得仁而心安；只要做到智慧仁厚，就能实现宁静通达。

二、恒仁成山

　　子曰："譬如为山，未成一篑，止，吾止也；譬如平地，虽覆一篑，进，吾往也。"

——《论语·子罕》

　　孔子说："好比堆土成山，只差一筐土就完成了，但发现此事是不利于自我实现的，立即停止，是我自己要停下来的。好比挖土平地，虽然刚刚才挖一筐土，但只要此事是有利于自我实现的，都义无反顾地坚持下去。"孔子强调修身进德，要持之以恒，不可须臾停步。漫漫人生路，不知何时才能达于仁境，这种感受很容易让人懈怠。所以，有的人刚刚起步，便因看不到目标而放弃；有的人走到半道，却因坚持不住而放弃，真正像孔子那样的圣人寥寥无几。从这个意义上说，孔子在叙述自己一生的经历时，阐明仁并非一朝一夕之事。做成任何一件大事，都需要一个循序渐进、日积月累的过程。不管是学习也好，修养也罢，抑或是要实现人生价值，除了有明确的目标以外，还要懂得坚持。只有坚持不懈地行仁，才能积土成山，始终保持仁心。

（一）一时之光，恒耀仁心

子曰："我未见好仁者、恶不仁者。好仁者，无以尚之；恶不仁者，其为仁矣，不使不仁者加乎其身。有能一日用其力于仁矣乎？我未见力不足者。盖有之矣，我未之见也。"

——《论语·里仁》

孔子说："我没有见过喜爱仁德的人，也没有见过厌恶不仁德的人。喜爱仁德的人，那就没有比这更好的了；厌恶不仁德的人，他的仁就是使不仁与自己不沾边，不让不仁德的人影响自己。'为仁'由己，只要愿意，没有做不到的，哪怕努力一天，也有一天的'为仁'表现，连一天致力于仁，都办不到的人，一定是没有的。大概这样的人还是有的，我不曾见到罢了。"

一天有 24 个小时，中国古代称十二时辰。仁者"一日"中，时时以仁要求自己，用心处世，哪怕只在一天内让自己的行为完全符合于仁道，也算是触及"仁"的境界了。心之所向，一步一步，日复一日，积水成渊。班主任可以开展"一日之光"活动，在朝会、夕会、暮省等一天中的固定时间，通过微班会、写日记、学生总结、交流分享、教师点拨等方式对学生一日的仁心仁行进行总结评价。通过一时一时地累加，把仁心长久点亮在学生的心中。

（二）月引之力，恒净心灵

子曰："回也，其心三月不违仁，其余则日月至焉而已矣。"

——《论语·雍也》

孔子说："颜回啊，他的心能三个月不违离于仁，其他人则只是一天或一月暂时达到仁而已啊。"在孔子的眼中，他的弟子虽多，但是能够达到仁的标准的人一个没有，颜回也只是最接近仁这种至高至大境界的一个。在他看来，多数人在言行上可能只会偶尔地展露一下仁的境界，很难长久保持。但是，颜回却能日日积累，三月不违仁。正所谓：不积跬步，无以至千里；不积小流，无以成江海。求仁也是如此，只有通过一点一滴地坚持，一月一月地积累，才能达致仁的最高境界。

在现实生活中，每月都应坚持下去，坚持的时间越长，境界提升得也就越高，距离仁的境界也就越近。在带班中，班主任可以开展"月引之力"活动，对于心中向上、求仁的学生应及时予以肯定，通过评选每月"行仁之星"，每月"助人之星"，鼓励学生延长求仁行仁的时间。

（三）永恒之念，恒定四方

子曰："志士仁人，无求生以害仁，有杀身以成仁。"

——《论语·卫灵公》

孔子说："志士仁人绝不为了自己活命而做出损害仁义的事情，而是宁可牺牲自己也要恪守仁义的原则。"曾子曰："士不可以不弘毅，任重而道远。仁以为己任，不亦重乎？死而后已，不亦远乎？"（《论语·泰伯》）曾子说："士人不可以不弘大刚毅，因为他肩负的任务重大而路程遥远。把实现仁德作为自己的任务，难道不是重大吗？到死方才停止下来，难道不是遥远吗？"曾子认为行仁已超越了个人名利的范畴，关乎国家的安危，社会的兴衰，是一种"为天地立心，为生民立命，为往圣继绝学，为万世开太平"的崇高精神境界与使命意识。实现"仁道"的路途是那样艰难遥远，"非毅无以致其远"，只有经过日日相守，月月不息，年年不止的努力和奋斗，才有可能完成。

孔子认为，道德修养的过程是很漫长和艰难的，只有在学习生活中多实践、多体会，才能真正理解为仁之道，修成君子。他又说："仁者安仁，知者利仁。"智者认为仁有利，才提倡仁道；仁者是为了仁而仁，并不考虑它有利还是无利，这也是因为他可以从仁中得到心里的愉悦。到此地步，可以说他已进入了一种崇高的道德精神境界。钱逊先生讲，"义以为上，群己统一，崇德乐群，是中华文化的核心价值，贯通古今的中华民族的民族魂"。只有仁者方可长久地处于乐境之中，不因之忘形。

青少年在追寻仁的境界中，获得的不仅仅是当下的快乐，更是幸福一生的能力。他们生活在和平年代，强身健体、博学广闻，立志成为有用之才是首要任务。打好了求仁的坚实地基之后，班主任在学生成长的不同阶段，需要引导学生像孔子一样，对自己人生发展的不同时期，确定相应的行仁标准，一生知仁、行仁。

一个人做点好事并不难，难的是一辈子做好事。一个人一时仁，并不难，难的是一辈子行仁。仁是发自内心地、恒久地坚持，而不是违背心意地、勉强地、偶尔地去做。要达到这一境界，于常人而言，也许是一场艰苦而无奈的逐梦之旅。但我们可以学习孔子始终保持仁心，从一日做起，从一月做起，从一年做起……

"仁"是儒家最基本的社会伦理范畴，是儒家思想的核心。以"仁"为本闪耀着中华文化的光辉，体现了中华民族几千年来积累的知识智慧和理性思辨，对今天仍具有巨大的启迪和借鉴意义。孔子说："仁远吗？我想要仁，仁即来了。"每一个当下的积累，铺平了未来的道路；每一个当下的踏实，坚定了仁恒的方向。

对仁的实践，是对仁本质的诠释；对仁的追求，又是对仁实践的升华。三者，如一根项链的丝线，从头至尾贯穿整体。欲仁是那个起点，新世界自此展开。如何在现实世界展开仁，那么就需要看向礼了。如果说仁是礼的内核、本心，那么，礼就是仁的外在、系统化的表现。

以礼带班

　　"礼"作为民族文化的载体,已成为我国传统文化中不可或缺的一部分。《论语》中谈到礼的地方有75次,由此可见,礼的思想贯穿孔子的整个思想体系。孔子主张礼应该是人们一切言行尊奉的标准,研究《论语》中的礼极为重要。只有以礼而行,才会塑造真正的品德。

　　孔子重礼,要求人们的行为不仅仅在形式上符合礼的要求,在内心更要符合礼的规范。礼的本质是真挚敬重的情感,以及这种情感的合适表达。礼使人明确自己在社会中的位置,懂得尊敬和谦让,使人能够区别事物或行为的是非,维护社会的秩序和正义,引导人们向善和自律。

　　"道之以德,齐之以礼。"儒家主张德治和礼治,这对于班级管理具有重要的启示作用。朱熹在注解《论语·为政》中说:"礼,谓制度品节也。"让我们在带班过程中运用礼的思想教育学生,敬之以礼,知敬畏;约之以礼,明界限;齐之以礼,立达人,全面提高学生的思想道德素质和文明礼仪素养,为他们文明生活、幸福成长奠定基础。

第一节　敬之以礼　知敬畏

　　周公制礼作乐，为西周典章制度的主要创制者，主张"明德慎罚"，以"礼"治国。及至孔子之时，贵族阶级已经礼崩乐坏，诸侯上僭于天子，卿大夫上僭于诸侯，陪臣亦上僭于卿大夫。贵族之骄奢淫乱日甚一日，平民之困苦憔悴亦日复一日。"甚矣吾衰也！久矣吾不复梦见周公。"孔子说："我很老了，好久没有再梦见周公了。"此言表明孔子渴求恢复礼制的迫切愿望。于是在两千五百年前，孔子第一个以平民的身份挺身而出反对贵族的生活，始倡"君君臣臣，父父子子""正名""复礼"之以礼治国的政治主张。这是孔子的理想，并且是毕生追求。

　　本节将以"敬礼"为主要思路，探讨我们在班级管理中引导学生敬畏什么，知道其中的缘由，并且知道如何做一个知敬畏、懂礼仪之人，从而探寻班级管理中"礼"的实施策略。

一、明德知礼　心存敬畏

（一）礼是仁的表现

　　孔子一生好礼重礼。"陈俎豆，设礼容"，孔子孩童时做游戏，经常陈列俎豆各种礼器，演习礼仪动作。曾经林放问礼的根本是什么，子曰："大哉问！礼，与其奢也，宁俭；丧，与其易也，宁戚。"孔子在这里阐述了礼的真义：礼是以真诚的情感为基础的，而不是虚文浮饰的事物。

　　礼乐是一种规范人们行为的典章制度，礼之根本的问题不在形式而在内心，不能只停留在表面仪式上，真实、真诚、真心才是礼的根本。孔子适周，将问礼于老子。据《史记》的《老子韩非列传》记载：当时孔子专门到周朝的首都，向老子请教礼的问题。老子说："你讲的这些礼啊，倡导它的那些人，骨头都已经腐烂了，你看到的只不过是他们留下的言辞。君子在时来运转的时候，就可以好好干一番事业，但如果生不逢时，能保全性命就很不错了。善于经商的人，会把货物隐藏起来，好像什么东西都没有；而具有高尚品德的人，外表反而谦虚得像愚钝的人。所以，最好抛弃你的骄气和过多的愿望，抛弃你做作的神态和过大的志向，这些对你都是没有好处的。我能告诉你的，就这些罢了。"孔子告别老子，在他的弟子面前评价老子就像乘风云而游天际的龙！若隐若现，无挂无碍，智慧无量无边。他怎能不赞叹呢！于行，孔子谦恭有礼，不怒不燥，是谓礼；于心，他对于老子的教导不仅虚心接受，还进行了继承和发展，是谓仁。礼的实质就是仁。

（二）礼也者，理也

《礼记》指出，"礼也者，理也"。"理"，主要是指事物的规律，万物各得其理，而后和。理是礼的根据、标准，知理然后才能制礼、观礼，合理才合礼。不合乎礼的行为便是道德上之不圆满。当今社会，许多人欠缺持敬功夫，即使言敬，不注重容貌词气等礼节修饰，其心中之敬也只是说说罢了。所以"克己"是精底功夫，"复礼"是细密功夫。敬畏神明，古人常说"头顶三尺有神明，不畏人知畏己知"，神明洞悉人的一思一念，一言一行，是一种大智大慧。敬畏天地，天为干，地为坤；凡天地，皆元气之所生；天地之道，博大、仁厚、高洁、简明、悠远、恒久也。天地万物对人有养育之恩德。敬畏道德，继承和发扬礼的思想，以仁、义、礼、智、信为礼的本体和内容，以恻隐、羞恶、是非、辞逊"四端之心"为道德情感的外在表现。敬畏祖先，"人事有代谢，往来成古今"。子曰："大哉尧之为君也！巍巍乎，唯天为大，唯尧则之。荡荡乎，民无能名焉。巍巍乎，其有成功也，焕乎，其有文章！"孔子一连用了几个赞美之辞对尧进行称颂。在孔子的眼中，尧的德行深厚、广博，他顺应天道，建立了礼仪制度以及文化体制等，开启了中华的文明史。敬畏先贤，数典念祖，继承传统，继往开来，方能知本知源，生生不息。

二、心尚礼 则心泰

"心尚礼则心泰",礼从心生,发自内心地崇尚礼仪,心灵才会美好安定。

《诗》曰:"既明且哲,以保其身。"《中庸》有记载,"礼仪三百,威仪三千,待其人而后行""苟不至德,至道不凝焉""温故而知新,敦厚以崇礼"。

《诗经》说:"既明智又通达事理,可以保全自身。"《中庸》谈到,礼的要求是非常广泛的,一定要等那有才德的圣人出来执行,才能够实行。孔子及弟子也是经过多年论证修订才最终形成"礼记"。所以说,作为普通人,不像伟大的圣人那样具有最高的德行,"礼之理"就不容易凝聚在心中。在行礼的修养方面,要内心崇尚礼仪。

孔子重视礼,他希望礼不光停留在表面,还要能真诚表达内心,正所谓"人而不仁如礼何"。他要求人们时常自我反省,自我省察内心,从而自觉地抛弃错误,革新自我,提升道德境界。学习时,别人无所事事,我却静心读书;吃饭时,别人浪费无度,我却克己节约;睡觉时,别人上网看小说,我却尽早安睡,以保持明天的好精力;老师和同学发生矛盾时,我能换位思考。内心崇尚礼仪故而处之泰然。

(一)恭而无礼则劳

子曰:"恭而无礼则劳;慎而无礼则葸;勇而无礼则乱;直而无礼则绞。君子笃于亲,则民兴于仁;故旧不遗,则民不偷。"

——《论语·泰伯》

孔子说:"一味恭敬而不知礼,就未免会劳倦疲乏;只知谨慎小心,却不知礼,便会胆怯多惧;只是勇猛,却不知礼,就会莽撞作乱;心直口快却不知礼,便会尖利刻薄。君子能用深厚的感情对待自己的亲族,民众中则会兴起仁德的风气;君子不遗忘背弃他的故交旧朋,那民众便不会对人冷淡漠然了。"这里孔子谈到了礼植于心的重要性,心中装有礼,行为才会合乎礼。礼的核心是敬,敬必须发自内心,人情味和理性才能完美结合。

如若恭敬而不合乎礼，就会徒劳无益。例如，在升旗仪式上，学生恭恭敬敬地站在国旗下行礼，对国旗没有发自内心的敬畏，这样的行礼就只是流于形式。

如若谨慎而不知礼则会懦弱不前。有的学生在向老师请教问题的时候，踌躇不前；有的学生在自我展示过程中，不够自信，过于拘谨；有的学生在做社会实践调查的时候，面对调查对象表现得畏畏缩缩、战战兢兢，慎是够慎的了，谨慎有余，但没有礼度，显得欠从容大方，这也是失礼。

如若勇敢而不讲究礼就会做事过分，显得粗野、鲁莽。有的学生过度表现自己，过分引起关注，哗众取宠，动作猛、幅度大、音量高，在过道或上下楼梯时横冲直撞，给他人添麻烦而不自知，甚至带来安全隐患，扰乱校园的正常秩序，这也是失礼。

如若直率而无礼，便如绞绳一样愈绞愈紧，责备人尖酸刻薄，令人不堪忍受。有的学生在与人交流时，直抒胸臆，率性而为，不留余地，不顾他人感受，这也是失礼。

（二）君子泰而不骄

子曰："君子泰而不骄，小人骄而不泰。"

——《论语·子路》

孔子说："君子安详坦然而不骄矜凌人；小人骄矜凌人而不安详坦然。"由于君子和小人内在的心灵、思想和修养不同，诚于中，形于外，自然他们表现于外的风格也不相同。心中无礼的人对自我缺乏充分的认知和肯定，因此很难做到平和坦荡。君子内心崇尚礼仪，秉持公道，心无偏私，故能安然坦荡、为人心平气和，不骄矜傲慢。

子曰："居上不宽，为礼不敬，临丧不哀，吾何以观之哉！"（《论语·八佾》）孔子说："居于统治地位的人，不能宽宏大量，行礼的时候不恭敬，遇丧事时不悲伤哀痛，这个样子，我怎么看得下去呢？"子

第四章 以礼带班

曰："苟正其身矣，于从政乎何有？不能正其身，如正人何？"（《论语·子路》）孔子说："如果端正了自己的言行，治理国家还有什么难的呢？如果不能端正自己，又怎么能去端正别人呢？"孔子强调了个人的知礼、学礼、习礼，与国家治理的紧密关系，即所谓"正人先正己"的道理，这种重德治的做人主张是儒家一贯的传统。

（三）人知耻则不为

子曰："道之以德，齐之以礼，有耻且格。"

——《论语·为政》

孔子说："用道德引导和统治百姓，用礼制去约束、规范百姓的言行，百姓就会有羞耻之心，以德和礼的要求来纠正自己的错误。"诸礼因知耻而生，诸德因知耻而高。人之所以为人，知耻矣，就能自觉知礼、明礼、守礼、约礼。

羞耻心出自人们辨别是非善恶、遵守礼仪规范的良知，并由此所激起的情感。一个具备羞耻心的人，必然是一个非常在乎别人对自己所作所为的反应、评价和看法的人。他会常常自觉检点自己言行是否符合社会普遍的规则和要求，防止因举动不雅或不当的失礼行为而受辱。它是个人道德行为的内部动力之一，也是一种自我监督、自我检查的力量。

中小学生对于一般事理不易辨别清楚，缺乏足够的判断能力，有时自己做错了事还自以为是，久而久之习惯成自然，便不觉得羞耻。对学生羞耻心的培养，学校要与家庭、社会紧密配合，进行正面引导，对他们的过错要及时纠正，帮助他们树立起正确的是非观、善恶观，提高道德评价能力，力争达到"知耻而不为"。例如班级中有取绰号的现象，班主任可以让学生切身体会不雅绰号带来的羞耻感，让学生静下心来思考、反省，从而懂得随意给他人起绰号或呼绰号其本质都是在取笑他人，是不尊重他人的失礼行为。

羞耻心和自尊心、荣誉感紧密关联，同时也与有礼有节的外在行为相关联。当一个人因过失而心生羞愧时，这种贬损情绪会使人内心受到自我谴责，促人醒悟，暗生痛改前非、纠错雪耻的积极情感，以求挽回"面子"、恢复名誉或取得成绩，从而改变自己在公众心目中的形象。自尊者方知耻，一个自尊自爱的人会为做不道德及失礼的事而感到羞耻。

培养学生的羞耻心，必须帮助他们确立自尊心。如班主任组织各种集体活动，增强学生的集体荣誉感、自豪感，努力营造师生、生生之间互相理解、互相尊重的和谐气氛。对学生的积极行为给予肯定和表扬，对消极行为给予否定和批评。对成功给予鼓励，对失败给予激励。尊重他们的人格，保护他们的自尊心。对于有过错行为的学生，尤其不应该挫伤他们的自尊心和积极性。

孔子有言："好学近乎知，力行近乎仁，知耻近乎勇。"在这天下三德中，知耻居于最深层次，它对好学、力行乃至其他种种行为发挥着重要影响。"知耻则有所不为"，进一步做到改过迁善、见贤思齐，最终达到"至善"的崇高境地。

第二节　约之以礼　明界限

孔子说，教育"博学于文，约之以礼"。真正的礼，不仅仅是发自内心地崇尚礼仪，广泛地学习中国传统文化经典，即"心尚礼则心泰"。言行上也要"约之以礼"，按礼的规范来约束。这就要求我们"从言学礼，以敬待人；修身习礼，以敬行事"。心中明界限，说话有尺度，做事有分寸。

一、从言学礼　以敬待人

有子曰："信近于义，言可复也。恭近于礼，远耻辱也。因不失其亲，亦可宗也。"

——《论语·学而》

有子认为，言语符合道德规范，才可实现。态度谦恭符合礼节规矩，才不会遭受羞辱，这才是能够建立亲密关系的人、可靠的人。孔子的弟子对"恭"是十分看重的。"恭"要以周礼为标准，方能远离耻辱，不符合礼的话绝不能讲，讲了就不是"信"的态度；不符合礼的事绝不能做，做了就不是"恭"的态度。古人有一诺千金之说，方才至于仁。保持一种恭肃近于礼的状态，从而生发出美善的道德精神，方得以堂堂正正立于天地之间。在待人之道中，孔子就非常强调说话的艺术。

（一）言之有物

子曰："群居终日，言不及义，好行小慧，难矣哉！"

——《论语·卫灵公》

孔子在这里揭示了一类人，这类人终日无所事事，有很多空余时间，靠闲聊打发时间，说的话没有任何意义。这种行为对他人、对社会都没有任何益处，这种人要有所成就是很困难的。子曰："爱之，能勿劳乎？忠焉，能勿诲乎？"（《论语·宪问》）孔子认为，忠爱之心就是要以勤劳相劝勉，要以善言来教诲。"子所雅言，《诗》、《书》、执礼，皆雅言也。"（《论语·述而》）孔子有用雅言的时候，读《诗经》《尚书》和执行礼事，都用雅言。因此，言之有礼，以敬待人，首先就要做到言之有物，说有意义的话，善言善语，雅言雅语。

（二）言之有人

"朝，与下大夫言，侃侃如也；与上大夫言，訚訚如也。君在，踧踖如也，与与如也。"

——《论语·乡党》

孔子在上朝的时候，跟下大夫谈话，显得温和而快乐；跟上大夫谈话，显得正直而恭敬。君主临朝时，他显得恭敬而不安，走起路来却又安祥适度。这里描述了孔子与不同的人谈话时所表现出的不同神态。和乡里邻居相处时温和恭敬，而在重要的国事场所则庄严、郑重，对不同的人都能尊重而又恰到好处。

子曰："可与言而不与之言，失人；不可与言而与之言，失言。知者不失人亦不失言。"（《论语·卫灵公》）孔子说："可以和他谈的话但没有与他谈，这是错失了人才；不可与他谈及却与他谈了，这是说错了话。聪明的人不错过人才，也不说错话。"孔子在这里谈了两个概念，一个是"失人"，一个是"失言"。孔子认为，应该给某人说的话，却没有给他说，就是对不起这个人，是失人；而不该给某人说的话，却给他说了，这是看错了听话对象，是失言。不论是失人还是失言，都牵涉到一个问题，就是没有看清说话的对象。该说话时不说就会失人，有时后果会很严重。该说话时就说，才能不失人。

在现代社会中，说话已经成为一种艺术，不仅要看场合、看时机，也要看对象。上面所阐述的固然是对上级说话的艺术，在班级中的师生交流与生生交往，也要注意这一点。比如你有两个学生，一个性格开朗，胸襟开阔，大大咧咧，一个腼腆内敛，敏感多疑。作为班主任，在纠正他们的行为时，对第一个学生而言，可以直言不讳地告诉他错在哪里，该怎么做，他心里不会产生不快，这就是不失人；对第二个学生就要深思熟虑，要注意说话的内容与方式，因为他很可能会因为一句话而生气，影响彼此之间的关系，这就是失言。班主任要教育学生，在社会中生存，与各种各样的人打交道，每个人的性格都不一样，一定要认清与你交往的对象，和不同的人说不同的话，否则，不仅会失人，还会失言。

（三）言之有境

孔子很擅长交际，不但重视说话对象，还十分重视说话的场合和环境。"食不语，寝不言。"（《论语·乡党》）吃饭的时候不谈话，睡觉的时候不言语。"孔子于乡党，恂恂如也，似不能言者；其在宗庙朝廷，便便言，唯谨尔。"（《论语·乡党》）孔子在家乡时，非常恭顺，好像不太会说话的样子。他在宗庙和朝廷里，说话明白而流畅，只是说得很谨慎。说话可是一门大学问，它可以影响到我们生活与工作中的各个方面。在我们的生活中，若是有人在说话的时候不分场合、不看对象，不仅难以达到自己的目的，甚至还会伤人害己。孔子在乡间表现得很谦恭，好像不会说话似的。之所以这样，是因为作为官员，他需要虚心倾听民众的意见，并且没有在民众面前夸夸其谈的必要。而在宗庙里、朝廷上，由于事关百姓疾苦和国家长治久安，他说话的时候流畅清楚，注意分寸。他不仅表现出了对尊长者应有的恭敬之意，还能不卑不亢、清晰明了地表达自己的观点。孔子在庙堂与民间的不同表现，说明了他在说话时特别重视对象和场合。他的这个做法，是一种值得学习的说话艺术。

孔子的做法提醒我们，说话时必须注意场合。在研究班级重大事项、学习讨论时，班主任鼓励学生积极发言，做到晓畅明白，论据扎实，言语慎重。在学习之余，可以谈些轻松的话题，不宜继续讨论学习上的事，也不宜谈论过于沉重的话题。日常生活中，几个人无事闲谈，有人喜欢吹牛，这个时候，最好是洗耳恭听，不要夸夸其谈，逞口舌之利。说话讲究场合，这不仅是做人的一种变通，更是为人处世的一种智慧。

二、修身习礼　以敬行事

子张问行，子曰："言忠信，行笃敬，虽蛮貊之邦，行矣。言不忠信，行不笃敬，虽州里，行乎哉？立则见其参于前也，在舆则见其倚于衡也，夫然后行。"

——《论语·卫灵公》

子张问怎样才能处处行得通，孔子说："言语忠实诚信，行为笃厚恭敬，即使到了蛮貊地区，也能行得通。言语不忠实诚信，行为不笃厚恭敬，即使是在本乡本土，能行得通吗？站立时，就好像看见'忠实、诚信、笃厚、恭敬'的字样直立在面前；在车上时，就好像看见这几个字靠在车前横木上，这样才能处处行得通。"孔子认为，修身习礼，以敬行事，坚守礼的内修，简化礼的外显，注意礼的细节，必要的形式不可少，在重大的场合中尤其要注重礼的周到。

（一）变通需坚守

"不学礼，无以立。"（《论语·季氏》）礼是立身之本，有礼则安，无礼则危。礼就是让人意识到自己的身份，从而有相应恰当的行为方式。在礼节、礼仪、典礼中，人们可以体会到自己在社会生活中的地位和角色。

子曰："麻冕，礼也；今也纯，俭，吾从众。拜下，礼也；今拜乎上，泰也；虽违众，吾从下。"（《论语·子罕》）孔子说："用麻线来做礼帽，这是合乎礼的；如今用丝来制作礼帽，这样省俭些，我赞成大家的做法。臣见君，先在堂下磕头，然后升堂磕头，这是合乎礼节的；现在大家都只是升堂磕头，这是倨傲的表现。虽然违反了大家的做法，我还是主张要先在堂下磕头。"孔子并不是一味地维护传统的礼仪，而是对于礼仪改革持有坚守、变通的开明态度。涉及礼的精神必须坚守，而那些纯外在的仪文规矩，可以随着时代的变化而变通。礼讲究简朴，以前的礼仪是用麻布做礼帽，但现在用丝料制作礼帽显得简朴，所以遵从这样的变通。礼讲究发乎内心的真情，而行礼的简化如果因为心有不诚而导致行为怠慢，这样的变通可以不遵从。

"执圭，鞠躬如也，如不胜。上如揖，下如授。勃如战色，足蹜蹜如有循。享礼，有容色。私觌，愉愉如也。"（《论语·乡党》）孔子出使到别的诸侯国，行聘问礼时拿着圭，恭敬而谨慎，好像拿不动一般。向上举圭时好像在作揖，向下放圭时好像在交给别人。神色庄重，战战兢兢；脚步紧凑，好像在沿着一条线行走。献礼物的时候，和颜悦色。私下里和外国君臣会见时，则显得轻松愉快。这是孔子在朝堂上的仪态举止，表现出他对自己职位的敬畏和尊重之情。孔子在不同的场合，对待不同的人，容貌、神态、言行都有所不同，但是有一点是相同的，就是他一贯的庄重和敬畏之情。

（二）仪式重细节

礼制包括两个部分，一个是礼的内在精神，一个是礼仪形式，二者相辅相成，密不可分。"子贡欲去告朔之饩羊，子曰：'赐也！尔爱其羊，我爱其礼。'"（《论语·八佾》）子贡欲把每月初一告祭祖庙的羊废去不用。孔子说："赐呀！你爱惜那一羊，我则爱惜那一礼。"按照周礼，每个月的初一都应到祖庙参加告朔饩羊之礼。可是，当时鲁公已不亲自到祖庙之中进行"告朔"了，只是杀只羊走走形式，徒有其表而已。子贡认为，既然国君都不参加了，那么羊也不用杀了。可是，子贡的这种想法却遭到了孔子的反对，在他看来，子贡的做法显然是忽视了礼仪形式的重要性，不知仪式在礼制中的真正用意。若是连祭祀的羊都省掉的话，告朔饩羊之礼可就完全被废除了。从孔子的话语中我们能够看出，他希望保留杀羊献羊的仪式，哪怕那只是一个形式。只要这个形式保留下来，对传承乃至复兴祭祀文化具有非同寻常的意义。如果连仪式也没了，祭祀之礼就彻底失落了。

在有些时候，必要的仪式还是得有的。古代的礼，现代仍有所保留。比如，春节、中秋节、端午节，这些都可以视为古代礼制遗存。这些节日和庆典，即便纯形式，也应该保留，对一个民族和国家具有重要意义。在学校，如升旗仪式、开学典礼，甚至是学生上课前向老师问好等，这些形式对于人心的凝聚、规矩的建立、班风的形成等，都不可小觑。

"齐，必有明衣，布。齐必变食，居必迁坐。"（《论语·乡党》）斋戒沐浴时，一定有用麻布做的浴衣；斋戒时，一定改变平时的饮食；居住一定要改换卧室。"席不正，不坐。"（《论语·乡党》）座席摆放得不端正，不就坐。这些生活细节都表明了孔子严谨、守礼、诚敬的生活态度，注意礼仪细节。

细节是礼仪的精髓。在孔子的那个时代，没有凳子、沙发之类的家具，不管是主人还是客人，像宴饮、座谈等都是坐在席子上进行的。即便是如此，古人在座席方面仍有严格的礼仪。孔子在落座之前，若是发现席子没有摆放端正，他是不会坐下的。这些小事让我们看到了孔子对于礼仪细节的高度关注。对任何不合礼制的事情，他都是不会接受的。

一个人的言行举止是否合乎礼仪，几乎都是从细节处判断的。不管是学习礼仪，还是在生活中与人见礼，必须关注其中的细节。礼仪细节数不胜数，要想处处做到彬彬有礼，就需要下很大的功夫。以打招呼为例：

（1）不管是进入新环境，与人初次见面，还是在路上、商场、社交场合等遇到熟人都需要与人打招呼。

（2）打招呼必须热情大方，亲切主动。注意得体适度，符合身份。对长辈要谦恭有礼，可以用相应的辈分称呼对方。称呼同学名字或昵称，态度要尊重，用语可轻松随意。在学校面对来客，应主动问好。

（3）打招呼要因时而变，因地而变。比如早晨相见与晚上路遇，打招呼的用语就大不相同。另外，打招呼还要分场所。在路上、车上、商场、公园、餐厅等公共场所偶遇熟人，理当问候交谈，但没有必要表情和语调夸张。如在会场、影剧院、音乐厅看到熟人，务必注意保持公共场所的秩序，不要大喊大叫，影响他人，微笑着挥挥手、点点头即可。碰到特殊的场合，即不宜按惯例和常规打招呼的场合，或是人不便应答的场合，打招呼就得三思而行。比如两人在厕所相遇，简单的一个表示，点点头表明看到对方即可，并不需要双方谈什么有实际意义的内容。在葬礼进行中遇到熟人，不必言语，点头、以目光示意即可。遇到特殊情况，比如对方恰逢落魄、伤心或难堪的事，避开正题，绕开对方不愿提及的事，谈些轻松话题以缓和对方情绪等。

（4）打招呼还有很多禁忌。比如，打招呼时不要戴着帽子或墨镜，也不要把手插在衣袋里，那样会给人很无礼的印象；打招呼时不要面无表情、语调生硬或无力，一言不发和喋喋不休都是不得体的举动；不要不理睬向你打招呼的人，更别对偶遇的熟人无动于衷；不要在对方有意回避你的情况下打招呼；打招呼的同时不要把目光投向别处，好像很不在乎对方；不要在对方无暇顾及招呼的时候刻意打招呼和等待回应。

（三）要事须庄重

"入公门，鞠躬如也，如不容。立不中门，行不履阈。过位，色勃如也，足躩如也，其言似不足者。摄齐升堂，鞠躬如也，屏气似不息者。出，降一等，逞颜色，怡怡如也；没阶，趋进，翼如也；复其位，踧踖如也。"

——《论语·乡党》

孔子走进朝堂的大门，显出小心谨慎的样子，好像没有容身之地。他不站在门的中间，进门时不踩门槛。经过国君的座位时，脸色变得庄重起来，脚步也快起来，说话的声音低微得像气力不足似的。他提起衣服的下摆走上堂去，显得小心谨慎，憋住气，好像不呼吸一样。走出来，下了一级台阶，面色舒展，怡然和乐。走完了台阶，快步向前，姿态好像鸟儿展翅一样。回到自己的位置，又是恭敬而谨慎的样子。这里记载了在参加朝会的时候，自入公门起，孔子一直都保持着恭敬而又谨慎的姿态，不敢有任何的懈怠和不敬。孔子的动作、行为、语言、姿态，无不严格遵守相关礼制，严肃认真，一丝不苟，充满了庄重敬畏的情感。

孔子朝会严格遵守相关礼仪的行为提醒我们，在重要场合必须严肃庄重。参加活动典礼时，要注重活动前投入情感，明确礼的意识，渲染活动气氛；活动中落实礼的要求，调动学生参与；活动后总结礼的执行，升华活动意义。如在参加重大会议时，必须严格遵守会议及活动制度等会议礼仪。了解会议要求，根据会议的规定，以及自己的时间安排，提前入场，准时到会。身着整齐的正装，保持整洁、端庄的仪容入场，不中途离场。确有要事须中途退场时，不要妨碍别人，尽量从会场的侧面出入，稍微弯腰低头，不要打乱会场的气氛和引起别人的注意。要对给自己让路的人道歉和致谢，要轻手轻脚。散会时，有序退场。

第三节　齐之以礼　立达人

　　《论语》里，孔子主张用道德来引导百姓，用礼仪来教化百姓，让百姓有廉耻之心，自己纠正自己的错误。"礼"在古代是涵盖一切的基本制度、行为规范，在现代是中华民族的核心价值观。"齐之以礼"就是把礼作为统一的社会道德、礼制规范，用礼仪来教化百姓，使人民自发地提升自己的道德修养。"立达人"是指用礼来约束自己的行为，用仁德的思想处理身边的人和事。一个仁德有礼的人，凡事能够推己及人。自己想树立的，同时也帮助别人树立；自己要事事通达顺畅，同时也使别人事事通达顺畅。班主任心中要有礼，建立有礼的班级，同时也帮助学生成为有礼的人。

　　班主任在带班的过程中，要重视学生礼仪素养的持续发展，以礼来规范、教化学生，帮助学生"学礼仪、养习惯"，培养学生"严律己、礼待人"，引导学生"礼之用、和为贵"，让他们在班级中能够找到自己的位置，各安其位，各尽其分，促进班级的文明发展；在社会中能够明德知礼，推动社会的和谐发展。

一、学礼仪　养习惯

　　不学《礼》，无以立。

——《论语·季氏》

　　不学《礼》，就没法立足于社会。礼，不是可做可不做的，也不是可有可无的小事，它是关乎个人修养、社会风气、国家命运的大事。人的一言一行都应该有礼。一个人学礼、知礼、行礼、立于礼，那么他就会严于修身、受人尊敬、被人接纳、得人相助、立于社会。《中小学文明礼仪教育指导纲要》提出："加强中小学文明礼仪教育，对于提高中小学生的思想道德修养，努力构建社会主义和谐社会，提升全民族的文明素质，增强国家的文化软实力具有重要意义。"那么学生不仅要学习文化知识，也要知礼仪，懂礼貌，守规矩，养习惯。

班主任要从日常行为入手，帮助学生知礼仪，学礼仪，守规矩，养习惯。让学生知道什么样的行为是有礼的，什么样的行为是失礼的，最终帮助学生做一个有礼的人。

（一）知礼仪，懂礼貌

子曰："博学于文，约之以礼。亦可以弗畔矣夫！"

——《论语·雍也》

孔子说："君子广泛地学习文化知识，再用礼来加以约束，这样也就不会离经叛道了。"因此，孔子希望培养出知"礼"、懂"礼"的君子。

班主任在带班时，应该让学生知礼仪，懂礼貌。这是一个人良好道德修养的体现。如：进校时主动问好，行"问候礼"；课前起立、敬礼，课后谢礼，行"课堂礼"；集会时快、静、齐，行"参会礼"；升旗时专注、肃穆，行"升旗礼"；放学时互说再见，行"道别礼"；与人相处时，行"交往礼"等，这些都是在教学生知礼仪、守规矩。以个人之礼和交往之礼为例：

1.知个人之礼

子曰："席不正，不坐。"

——《论语·乡党》

孔子非常注重个人礼仪。他认为，一个人要坐有坐相，摆正椅子方可落座。坐相不雅，就是不知礼。

班主任要让学生知个人之礼，就要明确不同阶段的学生有不同的个人礼仪目标：小学重在培养学生的良好文明习惯；初中要培养说文明话、办文明事、做文明人的意识；高中要让学生了解礼仪的渊源和内涵，掌握做人做事的原则和方法。班主任要通过让学生知个人之礼来提高修养。

2.知交往之礼

《论语》中交往礼仪的内容非常丰富，对衣食住行、修身养性、为人处事等方面都有详细论述，如爱亲礼邻、尊师敬长、仁朋义友、与人为善等。交往礼仪既可以培育学生知礼、明礼、用礼的品质，还可以帮助学生调节心情、处理人际关系。

班主任需引导学生，在与他人的交往过程中知分寸，讲礼仪。知道什么事情该做，什么事情不该做，从而规范自己的行为习惯，提高自身修为，慢慢习得礼。

不同阶段的学生有不同的交往礼仪目标：小学要让学生掌握基本的礼貌、礼节规范，在学习、生活实践中初步养成讲文明、讲卫生、讲秩序、讲公德的良好习惯；初中要培养热心参与、友好交往的能力，能够自觉规范自己的行为举止，完善个人素养；高中要让学生提高合作、参与、交往的能力，培养乐观、豁达、积极向上的性格，形成对家庭、社会和国家的责任感，树立社会主义公民意识。

与父母兄弟交往，行孝悌之礼，体贴长辈、兄友弟恭；与师长交往，行尊敬之礼，敬师爱师、谦虚诚恳；与同学交往，行诚信之礼，遵时守信、和睦相处；与社会的人交往，行和善之礼，待人和气、关系和睦。

以下是与人交往之礼：

● 能够识别和再认自己的情绪，了解个人的兴趣和特长，保持适度的自信。努力地认识自己，成为自己。

● 能够调节情绪以应对压力，避免冲动，保持坚忍以克服困难，适当地表达情绪。能自律和自我控制；能与他人相互尊重地共事；能理解自己的行为会如何影响他人。对同学说话态度诚恳、谦虚，语调平和，不装腔作势。

● 先照顾好自己，再处理情绪，知道同伴的需要和感受，能站在他人的立场考虑问题，能与他人产生情感共鸣，了解并欣赏个体或群体

第四章 以礼带班

的差异和共性。同学之间互相尊重，不给同学起侮辱性的外号，不说使别人感到伤心的话。练习做一个好的倾听者，静默倾听适合任何场景；练习接纳自己，接纳身边重要的人；练习致谢与感激。

● 在合作的基础上建立并维持健康有益的社会关系，对社会压力有一定的抵抗能力，避免、应对和建设性地解决人际冲突，在需要的时候能够寻求帮助。学习时，要做到资源共享，请教问题有礼貌，同学之间互助互爱。借用物品时，要经对方允许后再把东西拿走，爱惜使用、及时归还。

● 先思考再行动，在全面考虑各种因素的情况下做出决策，包括社会道德因素、个人伦理因素、安全因素等，了解其他备选方案所带来的可能后果，对决策进行评估和反思。

(二) 守规矩，养习惯

子曰："七十而从心所欲，不逾矩。"

——《论语·为政》

孔子70岁的时候如愿达到了"从心而欲"的境界。然而，"从心而欲"并不代表着自己可以随心所欲。这种"随心所欲"也是有限制的，即"不逾矩"，也就是不越出规矩。这个规矩就是"礼"。在孔子看来，人的行为应当受到礼的约束，心中有一条底线，即便是自由也不能超越礼制。

班主任除了要教育学生知礼、懂礼，还要把礼具化成规矩，通过给学生"立规矩"，让学生学会"守规矩"，并通过长期坚持、耐心提醒，逐渐让学生养成良好的习惯。

1.立规矩

孟子云："不以规矩，无以成方圆"。班主任在带班之初，就要给学生"立规矩"。所谓规矩，就是将礼仪形成具体的班级礼仪规范或礼仪公约。班级礼仪公约是班级成员共同商定并共同遵守的约定。它是班级中礼的制度体现，也是学生言行的边界。

随着时代的发展，现代中小学生自主意识和民主意识越来越强，对于外界强加于自己的规则或意识会产生一定程度的抵触心理。如果班主任仍是采用老式的说教和灌输来进行礼的教育，学生的接受度会相对降低。班主任组织引导学生通过民主协商，制订班级公约，可以充分满足学生的参与感，尊重和保护学生的自主意识和民主意识，学生更愿意自觉遵守公约；同时，也将管理班级的权力赋予了学生，有利于提升学生的自主管理能力，为后续学生自主管理班级乃至学生的发展打牢地基。

班级礼仪公约的制定主要分为以下五个步骤：发现问题，分析问题，商讨办法，达成共识，形成公约。班级"礼"的公约可以据事细分，如班级有礼公约、课间有礼公约、手机有礼公约、就餐礼仪公约、如厕礼仪公约等。

就餐礼仪公约
(1)餐前要洗手。
(2)排队候餐静、齐、快。
(3)有序、按需取餐。
(4)在指定的座位就坐，安静用餐。
(5)餐后光盘，餐具有序放回指定位置。
(6)清理桌面、地面油渍，桌椅摆放整齐。

班主任在教育学生文明如厕时可以这样做：①书写提示标语、划流程标准线、布置厕所环境等方式让学生争做文明如厕的示范者。②开展"如厕革命"小讲座、绘画创意大赛等方式让学生争做文明如厕的宣传者。③设立文明监督志愿者、制定文明如厕评价表、评选文明如厕小明

星等方式让学生争当文明如厕的监督者。④采用实地调研、开展微班会等方式共同制定"如厕礼仪"。

班级礼仪公约也可以是国家关于中小学生文明礼仪教育相关文件精神和《论语》中君子之礼的有效体现和延伸。班主任在组织学生商议班级公约时，可以有意识地将《中小学生守则》《中小学生日常行为规范》和《论语》中的君子之礼等礼的规则和意识渗透进去，通过班级公约引导学生遵国家之礼，守传统之礼。

如厕礼仪公约
(1)有序如厕、礼让为先,不争前恐后,有序排队等候。
(2)爱护厕所公共设施和公共卫生,出入洗手间时应轻轻开门、轻轻关门。
(3)不长时间占用厕所空间,不应在洗手间里信笔涂鸦。
(4)男生上厕所时,身体前倾站好,确保小便入池。如果使用坐式马桶,应将马桶的盖掀起后再使用。使用蹲式便池,应在靠前的位置蹲下,不可以半蹲的姿势,如果马桶被弄脏了,一定要用卫生纸擦拭干净。
(5)便后及时冲水、废纸入篓。不要随手拿走洗手间里备用的手纸或乱拉乱用。
(6)如厕后务必洗手,节约用水,并注意保持洗脸池的清洁,不留脏水和污物。
(7)走出洗手间之前,应把衣饰整理好。

2.守规矩

班主任可以通过树榜样的方式，让学生学会守规矩。榜样的力量是无穷的。来自榜样的文明、礼貌的行为，既是一面镜子，也是一面旗帜。在班级中，班主任要结合不同的活动项目开展礼仪标兵的评选，如路队礼仪标兵、"三节"（节水、节电、节粮）礼仪标兵等，引导学生向榜样学习，用榜样的力量来规范和调整学生的行为。

班主任还可以通过创设环境，营造氛围，以日常生活为创作背景，通过情境表演和积分奖励的形式吸引学生守规矩；细化礼仪的教学内容，与学科相融合，通过自编儿歌和游戏的方式巩固礼仪教育，让学生守规矩。

3.养习惯

子曰："克己复礼为仁。一日克己复礼，天下归仁焉。"

——《论语·颜渊》

孔子说："克制自己，按照礼的要求去做，这就是仁。你一旦这样克制自己，按照礼的要求去做了，天下的人就都赞许你是仁人了。"

真正要让学生学会克制自己，做到"礼"的要求，班主任还需让学生养成好习惯。良好的习惯会使人终身受益。

班主任要培养学生良好的礼仪习惯，需要在日常管理中慢慢教育、点滴渗透一些小礼仪，让学生反复练习，使学生在日常的浸润中养成好习惯。

班主任要时刻提醒和训练学生养成好的语言习惯。例如：班主任要时刻提醒和训练学生在与人交谈时，多说"请""谢谢""对不起"等日常礼貌用语；提醒和训练学生注意说话的语气、语态、语序等。打餐时，班主任可以提醒、训练学生将"我要饭""我要那个"等不礼貌的语言，替换成"请老师添饭""请老师帮我盛点冬瓜汤"等文明用语；学生交作业时，班主任可以提醒、训练学生将"给你""你没帮我批改"等指令、指责性的语言，替换成"请老师批改作业"等礼貌用语。

班主任要时刻提醒和训练学生的行为习惯。班主任要提醒、训练学生的手势、站姿、坐姿等小习惯。在与他人交谈时，面向对方；在递东西给他人时，双手递交；面对长辈时，站姿要比平时更加端正等。

这些言行习惯，既可以体现个人的素质和修养，还可以表达对他人的尊重。这样的习惯教育，可以让学生在潜移默化中习得"礼"。

二、严律己 礼待人

子曰："君子义以为质，礼以行之，孙以出之，信以成之。君子哉！"

——《论语·卫灵公》

孔子说："君子把义作为本，依照礼来实行，用谦逊的言语来表述，用诚信的态度来完成它。这样做才是君子啊！"孔子提出了君子的四条行为准则：以道义作为修身的本质，以礼制作为载体来运行，通过谦逊来表达，通过诚信来圆满地完成。

礼从外在来说，有礼仪、礼制、礼数。礼仪，指行礼时的仪式；礼制，指社会的行为准则和道德规范；礼数，指个人在特定场合应具有的礼节仪态。《诗经》中子夏问孔子"笑眯眯的脸真漂亮，滴溜溜的眼睛真好看，白色的衣裳就已经光彩夺目了"是什么意思呢？孔子回答："先上五彩，再上白色。"子夏说："礼是后面才兴起的吗？"我们今天作画，是在白纸上作，作画时直接用颜料在白纸上涂抹就可以了。但古人作画，是在绢帛上作，绢帛不是白色的，用颜料在绢帛上完成画作之后，还要用白色的颜料填充非画作的部分，这样，画作的部分就更加突显了，这就是"绘事后素"的意思。在白色的衬托下，其他的色彩更加的鲜明，所以，古人强调"素以为绚兮"。孔子以之喻"礼后"，礼就像绘事一样，是"素底"本质的外加物，"礼后"是提升个人私德，规范个人言行。

礼从内在来说，是承认人的尊严，培养人的尊严感和尊重感。《礼记·檀弓下》曾记载："黔敖为食于路，以示饿者而食之。有饿者，蒙袂辑屦，贸贸然来。黔敖左奉食，右执饮，曰：'嗟，来食！'扬其目视之，曰：'予惟不食嗟来之食，以至于斯也！'从而谢焉。终不食而死。"现代有个成语"嗟来之食"，专门用来表示这种"侮辱性的施舍"。由此可见，如果一个人不能在其语言和行为上表现出对他人的尊重，明明他做的是件好事，也不会取得好的效果。

孔子主张君子行礼的内外兼修，"文质彬彬，然后君子"。内在的尊重与外在的礼仪相得益彰，才是君子之风啊。礼是仁的体现，仁是爱，是真诚。礼就是爱的表达，真诚的表达。如果礼仪、礼数、礼制缺乏爱与真诚，那是虚伪的东西。说话说得很动听，表情好像也很热络，但如果没有内在的真诚，能说有礼吗？礼，是通过一定的仪式、规范、仪态来表明内在的尊重。君子求诸己，小人求诸人，"严于律己""宽以待人"便是行礼的实质。

（一）严于律己

在陈绝粮，从者病，莫能兴。子路愠见，曰："君子亦有穷乎？"子曰："君子固穷，小人穷斯滥矣。"

——《论语·卫灵公》

孔子在陈国断绝了粮食，跟从的人都饿病了，躺着不能起来。子路生气地来见孔子说："君子也有困窘没有办法的时候吗？"孔子说："君子在困窘时还能固守正道，小人一困窘就会胡作非为。"面对困窘的境遇，孔子认为重要的是能严于律己、以道自处，坚持理想和操守。

曾子曰："十目所视，十手所指，其严乎！"曾子说："十只眼睛看着，十只手指指着，难道不令人畏惧吗？"一个人对礼制的尊重不仅仅靠舆论的监督，还要靠慎独。在闲居独处无人监督之时，也能谨慎从事，遵从礼数，自觉坚守内心对礼节的认同，即言行合一，心口为一，始终如一。

学生中有这样的现象：在大庭广众的场合显示出有礼的样子，却在疏于管理的场合呈现出无礼的样态。其核心在于学生并未发自内心真正建立自我的羞耻感和尊严感，因此难以做到将"严于律己"内化于心，外化于行。班主任在带班的过程中，应根据班情和学生认知发展的特点，从"认知—理解—实践—认同"四个层次，引导加强自我管理，表里一致。

第四章

以礼带班

1.以规则规范作为礼的起点

礼，是行为准则，是传承千年的民族"大节"，是陪伴人生的个人"小节"。礼是"大节"，使国家变得长久，使社稷变得安定，使人民变得有序，使后代得到好处。礼是"小节"，没有礼就会手足无措，耳目也不知该听什么该看什么，进退、作揖、谦让都失去了尺度。在班级生活中，"礼"可以"规"为起点，将约定俗成的或明文规定的规范作为礼的内容，用集体制定的班级公约等规则来指导行为。

2.以环境建设营造礼的氛围

班级环境建设是在班级中营造一种礼的情境，形成纯正的班级风气和向上的班级氛围，使礼成为班级师生的共识，让学生在潜移默化中自主感悟、自主思考，加深对礼的认识和认同，并自觉自愿地进行自我约束。

3.以激励评价助推礼的落实

建立家校协同育人机制，学校、家庭联动评价，助推礼的落实。班主任可结合自身所在学校的评价标准，制定《礼仪评价手册》，记录学生在家、在校的礼仪行为表现，对其礼仪行为进行多方位的评价，使学生形成对礼的敬畏感，在日常行为规范中主动践行。

4.以主题教育拓宽礼的范围

学校只是社会生活的一个小缩影，学生只有走出校门，在社会生活中接受教育，才能真正受到教育和启发。例如，虚拟的网络空间给了人们更大的交往自由，要做到"严于律己"对学生而言就更是挑战。班主任可以组织学生开展主题教育活动，通过情景表演、案例讨论等方式，就"网络交往"问题进行充分讨论、深化理解、达成共识，引导学生在网络世界也能做到用道德和礼仪来约束自己。

（二）宽以待人

有子曰："礼之用，和为贵。"

——《论语·学而》

有子说："礼的功用，以遇事做得恰当、和顺为可贵。"以礼为中和，这样既合情又合理，才是最可贵的。在人际交往中，做到律言、律行、律心，承认他人的尊严感，并在言行中表现出对他人的尊重，建立与他人的良好情谊，在人际交往中达到"和"的理想境界。

1.律言

孔子曾教育其儿子孔鲤"不学《诗》，无以言"，孔子所说的"好好说话"，并不在于夸夸其谈，而在于把自己的真实感受用恰当的方式表达出来，即说得真诚、说得得体，并以此来促进和别人的沟通与交流。在中小学，有一定数量的班主任都同时承担语文教学工作，以语文课堂为阵地，培养学生"好好说话"，不失为学科融合，优化教育效果的有效途径。语文教材中有大量口语交际内容，旨在教育学生在不同的场合，不同的身份，以恰当的分寸、方式说话，老师可以抓住这些学科教学内容，教会学生在人际交往中礼貌、有效地与他人进行沟通交流。

2.律行

孔子看来，"知礼""明礼"的目的在于"行礼""守礼"，因此班级开展礼的教育也要落实到培养学生良好的行为习惯。班主任可以开发"礼"系列课程，在班级开展校园礼仪、家庭礼仪、社会礼仪的教育活动，让学生自觉在交往中以道德和礼仪约束自身行为。

3.律心

礼的教育如同中医问诊，是个慢速的过程，教师只有从自身本心出发，进行智慧地引导、艺术地点拨，才能促进学生真实而有个性地成长。班主任在班级管理中，不要因为个人的急躁、不接纳，造成对学生的伤害，同时老师要慎用权威，避免任性的惩戒；与家长相处时要以师德为标准，交往有度，明确边界，营造亲和、有爱的班级氛围，师生之间、生生之间宽以待人。

礼是孔子思想体系中的核心概念，子曰："不学礼，无以立。"礼是需要学习的，举止进退皆是礼，习礼以明理，习礼以承德，习礼以修身。班主任在带班的过程中要引导学生：敬之以礼，知敬畏；约之以礼，明界限；齐之以礼，立达人。

礼的目的就是和。礼是遵循天地万物的规则，和则是顺应这一规则来处事以达到和谐的状态。《论语·学而》中说到"礼之用，和为贵"，也就是说礼的推行与应用要以和谐为贵。无论什么事都要按照礼的规范来行事，才能实现人与人之间的和谐共处、美美与共。

忠信 礼之本也
义理 礼之文也
无本不立 无文不行

礼

"和"的思想根植于中华民族的传统血脉中，成为中国人安身立命、为人处世的基本哲学，是中国人解决一切问题的价值导向。和平共处五项原则、人类命运共同体、人与自然生命共同体、人类卫生健康共同体、社会主义和谐社会，现代教育推崇的构建和谐校园、和谐班级……这些都衍生于"和"文化。

钱逊先生对"和"的内涵有如下解读："和实生物"是对宇宙万物本质及其存在形式的根本认识；"和为贵"是由此而来的根本价值追求，"和而不同"是对世界的认识说，由此引申出人们待人处事的根本态度。"和"字在《论语》中出现了八次，但是"和"的思想却将全书二十篇串联起来，形成"一以贯之"又相互联系的整体，集中体现了孔子崇和、贵和、尚和的理念。《论语》记述了孔子及其弟子志于道、齐于礼、达于"和"，做有"德"君子的实践追求。

班主任是中小学日常思想道德教育和学生管理工作的主要实施者，是中小学生健康成长的引领者，要努力成为中小学生的人生导师。班主任的带班实践，本质上就是"修己安人"的管理过程和育人育己过程：以"修己"作为带班起点，以"学"作为带班内容，以"仁"作为带班情感，以"礼"作为带班制度，实现"和"的"安人"带班目标，追求"和"的带班哲学。以和带班，践行"中道致和"的理念，培养"和"的个人，营造"和"的关系，打造"和"的集体；遵循"和而不同"的原则，促进人的身心和谐、关系和睦、万物和融；朝着"以和为贵"的方向，实现学生的品格生成、智慧生长、文明生活，为未来中国培养具有中华"和"文化的"强国一代"。

和

与人和者，谓之人乐；

与天和者，谓之天乐。

顺应自然，自然和谐。

第一节　中道致和　和实生物——"和"的内涵

《论语》中的"和"有多重含义，既是指一种和谐、互融的状态，又是一种各得其所、遐迩一体达成的目标，还是一种处理差异或矛盾的方法。这里我们借鉴钱逊先生的观点从"中道致和、和实生物"的角度来谈"和"的内涵。

中道致和，即行中道，致中和，达到和谐的基本方法是中庸、中道。谈和必谈中，中是和的前提与基础，和是中的目标与方向，达到"中和"的境界，天地万物才能生长发展；"君子和而不同"是因为君子能正确地对待差异，以尊重、理解、接纳的态度应对不同，实现多元的和谐共存；和才有世界万物，和才能够衍生新的事物，当错综复杂的万物协调配合共存，达到和谐，便能产生新的事物，促进新的发展，即"和实生物"。

基于以上观点，我们提出在带班育人中，班主任可借助《论语》中"和"思想的内涵与外延，践行以"中"育人、以"和"育人、"中和"育人，做好班级管理的顶层设计。

一、以"中"育人　不偏不倚

（一）知"中"无过及

子曰："中庸之为德也，其至矣乎！民鲜久矣。"

——《论语·雍也》

孔子说："中庸作为一种道德，该是最高等的了！但人们已经长久缺乏这种道德了。""中庸"是孔子思想的哲学基础，他称"中庸"为至德，是最高的德性。"攻乎异端，斯害也已。"（《论语·为政》）异端就是指中庸的两端，一个是过，一个是不及，孔子认为"做事情过或不及，都是祸害啊！"他讲究中庸，主张执两端而用其中，亦即是不要偏执一端。"中庸"即"中"，就是不偏不倚、实事求是、恰如其分、适当妥帖、无过无不及，也指事物双方保持均衡状态或人的气质、作风、德行都不偏于一个方面，对立的双方互相牵制，互相补充。它追求的是一种在多元中寻求平衡，以达到恰到好处、和谐共处之目标。孔子认为中庸之道是为人处世最好的原则，即使我们不能时刻做到，也要努力去做，要尽量去靠近它。只有这样，自己的品德修养才能提高，社会才能进步。

（二）行"中"有节度

子贡问："师与商也孰贤？"子曰："师也过，商也不及。"曰："然则师愈与？"子曰："过犹不及。"

——《论语·先进》

子贡问道："颛孙师（即子张）与卜商（即子夏）谁更优秀？"孔子说："颛孙师有些过度，卜商有些赶不上。"子贡说："这么说颛孙师更强一些吗？"孔子说："过度与赶不上同样不好。""过犹不及"体现了物极必反、事极则变，凡事都要把握好分寸和尺度，才能游刃有余，顺利进行。《尚书·大禹谟》中写道："人心惟危，道心惟微；惟精惟一，允执厥中。"16字心传强调人心、道心的关键是"度"，需恪守中道，这是一种高度和谐的思想。月满则亏，水满则溢，调和与均衡是事物发展过程中的一种状态，这种状态是相对的、暂时的，却是人们所应当追求的。

有的班主任在班级管理中容易以自我为中心，师生之间是敌非友，对学生处处严防死守，其后果是班主任疲累，学生痛苦，带班效果不理想。"中"的思想倡导平和与平衡，适用于当下的班级管理。班主任自身应做到个人情绪有"节"，对待学生"宽""严"有度，班级氛围"沉""浮"有度，班级事务"管""放"有度，凡事做到不偏不倚、张弛有度，以"中"的态度和方法去处理问题。

1.情绪有"节"

《中庸》提到"喜怒哀乐之未发，谓之中"。人们喜怒哀乐的感情没有表露出来的时候无所偏向，叫作"中"；表现出来以后符合法度，叫作"和"。要求人们以平和的心态，理智地对待自己的情绪，克服表露情绪的随意性。当内心的喜怒哀乐之情达到一定程度，有必要发露出来时，要发得恰到好处。

由于学生的个性差异大，道德和学业的发展水平参差不齐，在教育教学活动中的表现也不可能尽如人意，但海纳百川，有容乃大，班主任需有容人之量，面对不同发展水平的学生应一视同仁，有教无类，不偏不倚。在教育教学中表露自己的喜怒哀乐之情时，不从"自我中心"出发，情感表达需符合教师的身份角色，遵守教师的职业道德和行为规范，心中充满对学生的大爱和至诚，无过无不及、彬彬有礼、春风化雨、润物无声。

2. "宽""严"有度

孔子曾提出"宽以济猛，猛以济宽，政是以和"（《春秋·左传·昭公二十年》）。在为政上，孔子主张以宽厚仁慈来补充严峻猛烈的一面，以严峻猛烈来补充宽厚仁慈的一面，国家的政治就会和谐起来。他对待弟子的教育也是如此，当冉求帮助季氏聚敛财富、盘剥百姓时，孔子说："非吾徒也，小子鸣鼓而攻之可也。"（《论语·先进》）他对冉求为虎作伥的行为感到不齿，他没有姑息袒护，而是宽而有度，严厉地指出了他的过错。"君子坦荡荡，小人长戚戚。"（《论语·述而》）他也倡导弟子要做心地开阔宽广、懂得包容他人的君子，不做心胸狭隘、患得患失的小人，严而有度。由此可见，无论是为政还是待人，孔子都讲究实事求是、以道为重，该宽则宽、该严则严、宽严有度。

班主任对待学生应不愠不火、刚柔并济，把握好"宽"与"严"的尺度。"宽"不是放任自流、迁就纵容，或听之任之、无原则地掩饰学生的缺点，而是宽中有原则，容中有底线，对学生的缺点和错误适时纠正和引导，对学生不符合学校纪律、社会公德、国家法律等方面的行为做出约束和限制。"严"不是蛮横霸道、不近人情、铁面冷心，也不是限制学生的一举一动，或不允许学生有自己的思想和见解，而是严中有温情，严中有期许，在安全和法纪底线上，给学生提供探索世界的各种可能。

班主任应和学生保持亦师亦友的关系。一方面，主动亲近学生，互相分享，彼此倾听，同学习，共运动，齐游戏，消除隔阂，其乐融融，拉近彼此距离，密切师生关系。另一方面，在学生违反纪律时，公正严明，耐心引导学生认清错误，帮助学生积极改正，做学生"向上向善"的引路人。

3．"沉""浮"有度

叶公问孔子于子路，子路不对。子曰："女奚不曰：其为人也，发愤忘食，乐以忘忧，不知老之将至云尔。"（《论语·述而》）叶公问子路孔子是个怎样的人，子路没有回答。孔子说："你为什么不这样说：他的为人，发愤用功到连吃饭都忘了，快乐得忘记了忧愁，不知道衰老将要到来，如此等等。"孔子能够沉心向学，乃至发愤忘食；也能浮生偷闲，乃至乐以忘忧；"沉""浮"有度，怡然自得，丝毫不受年龄的影响。

班主任需引导学生既能静如处子，亦能动若脱兔。学生的学习生活需要沉得住气，潜心钻研，有昂扬的斗志与满腔的热情，也需要劳逸结合，张弛有度，有丰富的生活与广博的志趣，方能行稳致远。班级中，合适的学习气氛、合作气氛、娱乐气氛等对于学生身心健康和全面发展更为有利。班主任是班级气氛的主要调节者，班级管理过于死板，片面追求学业，则班级气氛沉闷，学生思维受到抑制；若管理过于松弛，则班级一盘散沙，学生发展目标意识不明确。再者要有敏锐的观察力，及时地了解班级气氛状况，在气氛沉闷时，通过适当的活动增强学生信心，激发学习热情，昂扬其斗志；在气氛浮躁时，要引导学生学会调节心态，明晰努力的方向，学会自我管理，宁静以致远。

4．"管""放"有度

子曰："无为而治者其舜也与！夫何为哉？恭己正南面而已矣。"（《论语·卫灵公》）孔子说："能够不做什么就使天下得到治理的人，大概只有舜吧？他做了什么呢？他只是庄重端正地面向南坐在王位上罢

第五章 以和带班

了。"《中庸》记载，孔子曾说："舜其大知也与！舜好问而好察迩言，隐恶而扬善，执其两端，用其中于民。其斯以为舜乎！"舜可以算是一个有大智慧的人吧！他喜欢向人发问，听取大家的意见，表扬善行；他治理民众，严格把握事物的两头，防止过和不及，也全面分析正反两方面的道理，不偏执一方，这种坚守中庸之道的态度大概就是舜之所以为舜的缘由。

班主任带班时，不能事无巨细一概亲自过问，这样难以周全，也不能充分发挥学生的能动性，可适当赋予学生一定的管理权和自主权，在宏观上管住管好，在微观上放开搞活，做到"管大放小""管主放次""管放结合"。

（1）有效地"管"

班主任需进行近期和远期规划，以保证班级工作有条不紊地开展；需要加强管理制度建设，根据校纪和校规，结合班情，制定出一套切实可行的班规，置班级于制度的管控下，做到有章可循、有规可据；制定合理的评价机制，以表扬为主，善于发现学生的进步，对他们的过失耐心地教育，引导学生形成正确的价值导向。

（2）有度地"放"

将班级管理权适度地交给学生，鼓励学生参与班级决策，共同进行班级顶层设计，共同实施班级管理，共同参与班级评价，充分发挥学生的主人翁作用，增强学生的责任意识与班级凝聚力，使学生在参与中丰富道德认知，增强道德意志力，形成正确的舆论导向，实现班级育人目标。

二、以"和"育人 和而不同

（一）知"和"互调融

子曰："君子和而不同，小人同而不和。"

——《论语·子路》

孔子说："君子追求与人和谐，而不是完全相同、盲目附和；小人追求与人相同、盲目附和，而缺乏主见，不讲求原则，与人苟同、貌和神离，实则不能和人相处。""和"包含三个方面：多因素、多侧面、多色彩；彼此协调，不相冲突；互利互动、生动发展。任何事物自身内部都包括诸多矛盾因素，只有这些矛盾因素处于和谐状态时，事物本身才会发展。天下有万物，万物各不同，讲"和"不是指一方消灭另一方，而是要在承认差异、不同的前提下，实现万物的和谐共处。儒家思想的"和"是指一种理想境界或状态，即人的身心、人与人、人与社会、人与自然界以及不同国家之间等和谐共处；"和"也是一种处理差异或矛盾的方法，即事物的多种因素、多个侧面之间的协调、融合、互利、互动、共生、共荣。

"和"的思想内涵与致"和"的方法，凸显了独具中国智慧的文化价值，对新时代我国在国际舞台上的发展与中国特色社会主义建设有着积极的影响。在国际关系上，我国坚持走和平发展道路，积极推动构建人类命运共同体；在社会关系上，倡导崇和尚善、以和为贵；在家庭关系上，主张"家和万事兴"，家人间要和气和睦；在个人发展上，讲究身心和谐、健康成长。

（二）行"和"兼"不同"

班主任在带班过程中，应遵照"和"的价值观，用"和"的方法来建设班级，尊重班级中的差异，调和班级的"不同"，形成统一的价值导向，推动班级内的"群己统一"，以此实现班级工作方向更准确，方式更稳妥，成效更显著。

1.尊重差异，兼容并包

（1）尊重学生的差异

子曰："有教无类。"（《论语·卫灵公》）孔子对待前来求学的弟子没有严苛的要求，不论身份贵贱，不论品行高低，不分地域国别，只要虚心求学，他都会持尊重与接纳的态度。他认为"性相近也，习相远也"，学生的差异是难免的，在教育实践中"教人各因其材"。孔子弟子三千，其中贤人七十二，同样学习诗书礼乐、文行忠信，但程度不同，能力各异，同样身通六艺，却各有特长，正是孔子因材施教的理论和实践造就了门下诸多栋梁之材。

班主任应理性看待差异。班级里，每个学生存在着许多的差异，他们有着不同的家庭教育背景、不同的性格特点、不同的经验世界、不同的学习能力等，这是客观存在的现实。对于学生个体而言，人生发展的不同阶段，在遗传和环境的共同作用下，会有不同的发展形态，会造成他们发展程度、发展方向和发展结果上的差异，班主任应因材施教。在班集体中能将"不同"与"和"并存，以"兼容并包"的态度，以发展的眼光看待每一个学生，并加以谨慎地引导。例如，针对优生，要予以"严爱"，引导他们戒骄戒躁；针对中等生，要予以"博爱"，多为他们创设可以锻炼自我的机会；针对学困生，要予以"偏爱"，以表扬为主，激发他们内在的积极性，给予他们更多的耐心和爱心，等待他们的蜕变。

班主任应意识到差异带来的价值。教育最大的问题是焦虑，学生之间的差异是对"整齐划一"的班集体建设愿景的挑战。班主任应该放下执念，转变所谓的"对多数人好"的原则，接受有差异的客观存在，学会专业地爱生，并抓住教育契机，让学生掌控自己的人生。例如，当班里有个特殊孩子时，班主任应意识到这是一个建设有情教室的课程资源，是培养善良的值得人爱的孩子的教育契机，学习理解和接纳特殊孩子的差异性，明白他不是一个麻烦人物；是一扇打开社会的窗，引导学生了解、照顾、帮助弱势群体，学会理解和爱这个多样的社会，增强怜悯之心；是一个学生理解社会公平公正的实践基地，知行合一，引导学生学会宽容、原谅、沟通，学会换位思考，增强抗挫折的能力。从而使特殊孩子得到集体的照顾，其他孩子也在这个过程中因为付出而越发大气，越发有担当、有责任、有能力，能够体会到同窗的力量，集体的力量，合作的力量。

（2）尊重家长的差异

不同的家长在受教育程度、教育理念、教育方式、对班主任工作的理解和配合度等方面，都存在着一定的差异。班主任应以家校共育为目的，懂得尊重并接纳他们之间的差异，提供家庭教育指导服务，与家长建立起"同心"的关系，互相信任、互相配合，从"和"中生成"合力"。

班主任在做家校工作前，应充分了解家长开展家庭教育的具体情况，对认识不到位、教育水平不高、相关资源缺乏等缺教少护、教而不当、养而不教等问题有个基本了解，对不同家庭出现的重智轻德、重知轻能、过分宠爱、过高要求等现象做一个摸排，对家长的育人类型进行基本分类，例如民主和谐型、放任不管型、溺爱放纵型、过度焦虑型、光说不练型、无能为力型等。

在与每一位家长沟通前，做好相应的计划，打有准备的"仗"；讲究语言艺术，用家长能接纳的方式进行交流；具体问题具体分析，给予其建设性建议。

精心准备家长学校课程，传授家庭教育理念、知识和方法，组织开展家庭教育指导服务和实践活动，指导家长坚持立德树人导向，端正育儿观、成人观、成才观，及时联系、督促家长，共同出谋划策，指导家长构建优秀家庭文化，优化家庭生活，研究儿童发展阶段特点与特殊家庭、特殊儿童特点，尊重和保护儿童权利，促进儿童健康成长。持续关注与追踪，见证蜕变，促进家校共育。

（3）尊重科任老师的差异

班主任与科任老师是"和而不同""和合为一"的关系。他们之间存在着诸多"不同"，如任教学科、育人职责、教学风格、教育理念等，但殊途同归，育人目标一致，都是为了促进学生和班级良性发展。班主任应对科任老师间的差异心中有数、互相尊重、理解与配合，做到"和"而"不同"，携手共进。科任老师关心和参与班级建设，并与班主任协调一致，相互支持，对于班集体的形成、巩固、发展和提高有着十分重要的作用。在配合中，班主任要发挥主导作用，主动加强沟通，充分了解学生的多方情况，班科共同参与班级建设和活动，配合特殊学生问题的解决等；增进学生和科任老师之间的相互了解，激发学生对科任老师的爱戴，密切双方的关系；帮助家长充分了解并支持科任老师的工作，及时传递信息，出现矛盾时积极介入、耐心调解，促进家长与科任老师之间的互信、合作，做好师生沟通、家校沟通的桥梁。

2.价值认同，同心同德

在弟子心中，孔子是圣人，他们对孔子的思想是极为认可与推崇的。孔子最爱的弟子颜回"其心三月不违仁"，用坚强的意志和坚韧不拔的耐性践行着老师的教导；子贡认为"夫子之墙数仞，不得其门而入，不见宗庙之美、百官之富"（《论语·子张》），他将孔子的学问比作高不可测的围墙，充分肯定了其思想的深度与价值；"性鄙，好勇力，志亢直"被称为"卞之野人"的子路，也愿意"儒服委质，因门人请为弟子"，最终在孔子的教导下成就了一番作为。志同道合方为谋，正是因为弟子们对孔子思想与价值理念的认同，才在孔子去世后，将过去的言行语录和思想记录下来，整理编成了儒家经典《论语》。

班级中的价值认同是指学生或班级通过班主任的教育或引导形成的班级共同价值观念，是学生对自身在未来社会生活中的价值定位和定向的基础。在班级管理中强调价值认同，能够有效地协调班级价值冲突，调动学生个体的主动性，激发学生班级荣誉感，促使班级凝聚力的形成。班级价值认同的根本在于谋求学生与学生、学生与教师及学生与班级间对于班级价值体系的和谐与统一，它体现于班级对个体价值的认可程度，也体现于个体对班级精神的认可程度，还体现于班级与个体价值观、价值取向的调和、共建与共享。

在班级建设中，班主任应从党和国家长远发展和未来人才培养的战略高度，确立社会、学校发展和学生个人发展相统一的价值取向，强调"以学生发展为本"，树立面向未来、造就全体、适应社会的班级育人观。建设良好的班风，引导学生树立正确的价值取向，在潜移默化中认同班级的价值观，使每个学生都能得到生动活泼、主动和谐的发展。

3.群己统一，共生共荣

孔子认为，修己以安人或安百姓，这里有两个方面，一个是修己，一个是安人或安百姓。实际上这是对人生两大基本问题的回答，一个是物质生命与精神生命的关系问题，一个是个体与群体的关系问题，这是为人之道的两个最根本的核心问题。

安人、安百姓回答了个体和群体的关系。修养自己并不只是单纯的自我完善。修养自己、完善自己，是为了安人、安百姓。安人是指在处理自己和别人的关系时，不光是要考虑自己的安好，还要考虑别人的安好，让别人也能过得好。安百姓就不一样了，认识的、不认识的，所有百姓，整个民族，你都要放在心里。安百姓，实际上就是以天下为己任。它不只是考虑个人的发展，不只是在日常生活中照顾到别人，而且要考虑到整个国家和民族的命运，乃至人民的命运。把个人的成长、个人的前途、个人的价值和群体的利益、人民的前途联系在一起。

这就是为人之道最核心的两个要点：第一是义以为上，把精神生命放在第一位；第二是要把个人放到群体中去，即群己统一。

班级中，个人与集体也是辩证统一的关系。个人是班集体中的一员，个人的学习、生活都离不开班集体的指引；班级由众多的个人构成，班级的存在价值在于服务每位学生个体精神生命的真实成长；个人与班级的发展在根本上是一致的，互相促进，共同成长。学生的成长与班级的发展密不可分，班级的发展不能脱离学生个体的发展。

在"同"而"不和"的班级，只有表面上服从班主任的管理，却没有"和"的实际。要实现学生的"和"而"不同"，班主任要善于将"不同"的心和力合在一起，产生"和"的力量，即基于"不同"，展开"分工"，实现"合作"。

班主任在带班过程中，要引导学生在追求自我发展的同时，也要关注同伴与班集体的发展，关注国家与社会的发展，还要关注每一个人的发展。班主任要培养有理想、有本领、有担当的学生，无论是在小组合作中，还是在班级活动中，以及社会志愿服务中，要积极主动地发挥个人价值，以己之力带动和促进更广泛的共同发展。

三、"中和"育人　和实生物

（一）"中和"生新物

程子说："使万物无一失所者，斯天理，中而已。"万物皆做到适度，万物即可能各得其所，即"和"的境界。所以不偏不倚，无过无不及的"中"是"和"的前提。《中庸》也提到："和也者，天下之达道也。致中和，天地位焉，万物育焉。"和，是天下共行的普遍标准，达到"中和"的境界，天地一切都各安其所，万物也都各遂其生。做到了"中"才能有"和"，所以才有"中和"的概念。

郑伯提出："夫和实生物，同则不继。以他平他谓之和，故能丰长而物归之；若以同裨同，尽乃弃矣。"（《国语·郑语》）世间万物因为差异和多样，通过互相竞争、互相补充、互相促进产生新的成果；如果只有同类聚合，排斥异己，那么就会丧失活力，窒息生机。所以，"和"不是完全相同、毫无二致，而是通过良性竞争和协调发展达成的更高层级的和谐统一。孔子认为虽然各部分呈现出"不同"，但是世界的整体是"和"的，在于强调各部分之间的协调、互融。而"和实生物"更多的是强调"和"之后的"生"，世界万物不仅能协调、互融，还能生成新的事物。

（二）同筑和谐路

班主任践行"中和"之道，促进学生全面发展与和谐班级建设。

1.促进全面发展

子曰："君子不器。"（《论语·为政》）孔子说："君子不能像器皿一样（只有一种用途）。"他认为君子应当博学多识，具有多方面才干，不只局限于某个方面，才能成为通观全局、领导全局的领导者。他主张"志于道，据于德，依于仁，游于艺"（《论语·述而》）。从文献知识、行为规范、忠于职守、言而有信等方面学习，不拘一格，成为全面发展的人。在学习内容上包含"六艺"，即礼、乐、射、御、书、数。以上都表现出孔子朴素的全面发展思想。

2018年，习近平总书记在全国教育大会上提出了"培养德、智、体、美、劳全面发展的社会主义建设者和接班人"的新要求。"中"的带班育人理念提醒我们应该注意学生的德、智、体、美、劳各育得到均衡发展，不偏不倚，各得其所，各育都要有，各育都要强；"和"的带班育人理念启发我们要促进各育互相融合，实现"五育"融通；"和实生物"的带班理念能增强我们的自信，通过各育适度发展、协调发展，培养出全面的、有个性的时代新人。

2.建设和谐班级

依据"和实生物"的理念，天地万物，都能各安其所、各遂其生，达到圆满的境界。班主任面对的是有着千差万别的学生个体，和谐班集体的建设需要将各个"不同"致"中"达"和"，需让各个学生适度发展、各得其所，需要让班级的各个方面恰如其分、协调融合，才能生长出互利互动、共生共荣、各遂其生的新集体。

新时代的和谐班级建设，在落实立德树人的根本任务时，班主任需更新育人观念，提升"五育"融合素养，充分发挥各育的独特价值，培养学生的综合能力。在融合实践中，以"课程、教室、课堂"为核心，提升融合能力，建设培育完整的人的标杆教室，推动班级的课程融合、教室融合、课堂融合及机制融合。

班主任以问题为导向，能从某"一育"切入，在"一育"中发现"五育"、渗透"五育"，也将"五育"全面渗透至每"一育"中，达成"五育"的贯通融合。在课程设计上，指向培育完整的人，在实施中融合"五育"元素。"五育"融合的班本课程根据班情，可做阶段性、项目性、主题性的课程设计，解决班级问题，促进班级管理育人。例如，成都市华西小学的"鸿鹄班"，为培养具有"鸿鹄之志"的少年，围绕"心健""体健""智健""生健"来开展活动和评价，育人增强了系统性。

第五章 以和带班

学会关心，建设"五育"融合的有情教室。班主任应和学生构成最亲的"五育"融合共同体，以修己安人的带班之道，对学生予以科学的教育。班主任要在"志于学""悦于教"中，以专业的"师爱"情感投入到班级中，时刻反思育人活动是否是恰当的关心，是否在培养值得人关心的学生，是否培养了学会关心的学生，是否学会了回应班级里的关心环境；要善做"律师"，去了解学生的需求；慧做"啦啦队"，给学生鼓掌；擅做"镜子"，发现学生的每"一育"。例如，成都市龙江路小学周勤老师《小学高段"特需儿童"交往》的班本课程，以情育情，"五育"融合，实现"有情班级"的建设目标。

学会生活，建设"五育"融合的有洁教室。教育增强了人们创造美好生活的能力，班主任要研究班级融合目标，丰富班级融合路径，完善班级融合机制，让学生在教室里就能生活更美好。例如：整洁教室打造，不是出力流汗的劳动"一育"独秀，是智慧造、极简美、善合作、身体健的班级"五育"融合切入点。老师要关注到学生在其中的知识学习、应用及相互关系，将学生遇到的问题作为课程资源，展开打造前、打造中、打造后的"五育"融合实践。

学会学习，建设"五育"融合的有序教室。师生都在朝着成为全面发展的新人同向前行，教室应该是有序的。班主任要改变"轻德、弱体、少美、缺劳"的现状，要研究学生特点，细化育人策略，引导学生理解"做完整的人"的内涵，自主制定学习目标，实现全面发展与个性发展的有序统一。例如：要把理想信念教育、爱国主义教育、品德修养、奋斗精神的培育与增进学生知识和见识、增强学生综合素质的教育结合起来，融入班级具体工作中，清除导致各育不平衡的障碍。

孔子继承和发展了"和"的思想，集大成而成大美，今天的教育工作者们应积极继承和弘扬"和"的智慧，并从中探索、挖掘出更多的可能，为立德树人的教育事业增添新的华彩。

第二节 和而不同 各得其所——"和"的践行

孔子认为，在统一的整体中，各个成分、各个局部，各有其地位和功能。它们相互之间构成一定的关系，相成、相济。这种关系的总和，形成一种稳定、和谐的秩序，这就是"和"。总体的"和"通过各个成分、各个局部特定的地位、功能及其相互关系而确立和维持。对于这种状态有一个简明的表述——各得其所。"和"的状态就是万物各得其所的状态。

"和而不同，各得其所"的和谐是先秦儒家追求的目标。人的和谐发展，包括个人内心和谐、与他人关系和睦、与世界万物和融等。在班级管理中，要让班级形成恰如其分、适度发展的状态，有赖于班级内部各个元素的和谐共生，互助共荣。班主任通过引导每一个班级成员，追求个体内心和谐、与他人关系和睦、与世界万物和融，就能实现班级整体各遂其生的和谐发展。

一、身心和谐 君子慎独

子曰："君子求诸己，小人求诸人。"

——《论语·卫灵公》

孔子说："君子要求自己，小人苛求别人。"孔子提出君子人格的养成之路，在于为己、由己、求诸己。实现这一目标，依靠每一个人的自觉和努力，"自天子以至于庶人，壹是皆以修身为本"（《大学》）。"君子"是修身的最终目标，是可以习而得之的人格范式。反求诸己，君子务本，本立而道生，不偏不倚，无过无不及，就能达成君子自我心理各成分的统一协调，实现君子的内心和谐。

班主任引导学生实现内心和谐，要培养学生自省自律，独善其身，以仁爱之心处理内心的矛盾冲突；要引导学生养成自信乐观的心态，在面对挫折时迎难而上；要教育学生见义勇为、见义智为，在面对不平时，审时度势地处理问题。

（一）三省吾身　自律慎独

1.内涵

子曰："见贤思齐焉，见不贤而内自省也。"

——《论语·里仁》

孔子说："看见贤人就应该想着向他看齐；见到不贤的人，就要反省自己有没有类似的毛病。"孔子的弟子曾子主张君子应每日三省吾身，择善而从，见不善而改，使自己的气质、作风、德行都不偏于一个方面，实事求是、恰如其分。在自省基础上，不借助于外力进行自责、自罚，就是自讼，就是"严于律己，宽以待人"。孔子常常以舜为例说明严于律己的重要性，在他看来，真正能从容安静使天下太平的人大概只有舜，他一贯严于律己，行为庄严端正，这正是他实现太平世道的关键所在。孔子曰："苟正其身矣，于从政乎何有？不能正其身，如正人何？"君主要治理好国家，必须端正自己本身，严于要求自己。如果自己端正，管理国政就不会有什么困难；如果自己不端正，随心所欲，为所欲为，就不可能去端正别人，其国家也无法治理。人人严于律己，才能实现个人价值与社会价值的最大化。

现在的学生在成长过程中，却常常"严于律他，宽以待己"。究其原因，有的学生成长环境过于宠溺，家长包办较多，自理、自律能力不够；有的学生得到过高关注，不能正确认识自己，在独处时常常放松对自己的要求，却苛求他人，苛责于人。

作为班主任，要营造"和而不同，各美其美"的班级氛围；引导学生自省，能够正确认识自己的优势与不足；培养学生"为己有耻，守死善道"的精神追求；引导学生自律，努力做到言行一致、表里如一、慎独节制，丰富自己的精神生活，自觉向善，成为想成为的人。

2.途径

（1）营造"和而不同，各美其美"的班级氛围

孔子门下多贤者，贤者之间也有差别。班主任在进行顶层设计的时候，需要向孔子学习，营造"我们不一样，我们都优秀"的班级氛围。

第一，搭建"各美其美"的展示舞台，呈现"美美与共"的班级样态。班主任可以抓住班会及校内外的各种比赛、表演、展示，支持学生充分参与，积极、自信地展示和发展自己的优点和特长，实现学生的个性发展和班级的多样化、全面化发展。

第二，建立多个角度的互动评价体系，培养互相欣赏的发展性评价能力。班主任应引导学生用坦然、宽容的心去理解、接纳自己和同学那些暂时或永久无法改变的不足。评价注意角度多元化，注意动态的过程评价，注意个人评价、小组评价、班级评价、班科评价、家校社评价的互动结合。

（2）引导"自省自知，扬长补短"的自我调适

班主任不仅要引导学生正确认识"尺短寸长"，还应该动态关注并引导学生进行 "尺""寸"转化。让所有学生看到尺与寸之间的可变，看到长与短之间的转换，悦纳自己、接纳他人。

（3）培养"为仁由己，守死善道"的精神追求

"为仁由己，而由人乎哉?"（《论语·里仁》）孔子认为，道德修养全靠自己，做好做坏完全掌握在自己手中，对自己的行为要有羞耻之心，所学所为，都要出自内心，坚守其道，不受诱惑，不偏不倚，君子有所为，有所不为。为仁由己，守死善道。坚定地相信我们的道，努力学习它，誓死守卫保全它。

班主任应培养学生反求诸己的习惯和能力，找到适合自己发展的平衡点、关键点、重难点，明晰可为与不可为，避免盲目从众的行为。赞赏那些拒绝诱惑、坚持正道的行为，鼓励学生坚守内心的价值追求，守住道德底线。

（4）追求"自律慎独，精神丰富"的和谐生活

子曰："贤哉回也！一箪食，一瓢饮，在陋巷，人不堪其忧，回也不改其乐。贤哉，回也！"

——《论语·雍也》

孔子说："真是个大贤人啊，颜回！用一个竹筐盛饭，用一只瓢喝水，住在简陋的巷子里。别人都忍受不了那穷困的忧愁，颜回却能照样快活。真是个大贤人啊，颜回！"孔子认为君子应该像颜回一样，能在物质条件困顿时依然做到心中有道，坚持精神世界的富有。"仓廪实而知礼节，衣食足则知荣辱"。在当今社会，人们已经不再为衣食住行而发愁，更加注重精神生活的充实。当前一些学生在课余时沉迷于网络游戏或缺乏营养的短视频，沉迷于电子游戏、网络小说、线上追星中，其中不乏低级趣味和负能量，大量占用了学生的课余时间，严重影响了学生的身心健康发展。正确地充实学生的精神文化生活势在必行。

第一，增强对家庭教育的指导。

"双减"政策的实施旨在减轻学生的课业负担和校外培训负担。"双减"政策实施前，学习活动占据了学生的大量课余时间，尤其是家长的硬性补习要求让学生可自由支配的课余生活时间愈益减少。"射有似乎君子。失诸正鹄，反求诸其身。"（《中庸》）教育子女就像射箭，射不中，不怪靶子不正，目标偏，只能怪自己箭术差。班主任需要帮助家长转变家庭教育的错误观念，通过亲子沟通、亲子阅读、亲子运动、亲子旅行等方式实现课余时间的有效教育和陪伴。

《家长家庭教育基本行为规范》（2021版）指出，家长应"培养和训练子女良好的生活习惯，鼓励子女参加文娱体育和社会交往活动，促进子女身心的健康发展""引导子女参加力所能及的家务劳动，支持子女参加社会公益劳动，培养子女的自理能力及劳动习惯"。《全国家庭教育指导纲要》明确要求，家长应提高儿童信息素养，丰富儿童生活，规范上网行为，预防网络依赖；了解网络沉溺标准，能够在专业机构和人

员的帮助下，指导儿童戒除网络沉溺行为。

班主任在家校共育当中，应增强家庭教育的指导服务，提高对"双减"政策的战略认识，关注学生生命的意义，回到教育的初心——为谁培养人、培养什么人、怎样培养人，认识到家事即国事，转变成才观、质量观、学生观。

第二，增强对学生自主管理的指导。

班主任要在"双减"背景下，关注新问题、创设新情景、切入新视角、进行新思考、开展新实践。引导学生进行自主管理、自主实践、自主评价，探索时间自主、情绪自主、学习自主、生活自主、交往自主、兴趣自主的方式，提升学生的参与感、决策感、胜任感、成就感，实现生活自律、人格自尊、人生自信，促进自我教育、家庭教育、学校教育、社会教育的有机融合。

班主任引导学生合理支配时间，懂得珍惜时间、利用好时间的重要意义，进行"课余时间作息时间表"的设计竞赛，引导学生合理地规划时间。针对当前部分学生在网络世界中不可自拔的情况，班主任应引导学生学会甄别网络信息，自觉抵制不良诱惑，使学生理性认识网络是获取信息、学习生活、娱乐沟通的工具；与学生共同学习《全国青少年网络文明公约》，增强网络道德意识，分清网上善、恶、美、丑的界限；为学生推荐优秀的网络学习程序、网站、应用等，合理规划上网时间，提高媒介素养，享受独处，做精神富足的人！

（二）适度焦虑　悦纳挫折

1.内涵

在陈绝粮，从者病，莫能兴。子路愠见曰："君子亦有穷乎？"子曰："君子固穷，小人穷斯滥矣。"

——《论语·卫灵公》

孔子在陈国断绝了七天的粮食，跟从的人都饿病了，躺着不能起来。子路生气地来见孔子说："君子也有困窘没有办法的时候吗？"孔子说："君子在困窘时还能固守正道，小人一困窘就会胡作非为。"在面对困难和挫折时，孔子把握好了恰如其分的度，依然保持了内心的坦然，智慧地解决了问题。孔子的一生，就是不惧挫折、坚持初心、不偏不倚的一生。他少年家道中落，却刻苦钻研经典；周游列国，寻找志同道合之人，到处碰壁，却能迎难而上；有时遭遇窘迫困顿，身陷险境，却能做到"勇者不惧"，依然坚持自己的理想。作为教育家，他引导学生在困境中坚守初心，执两端而用其中，适当妥帖地处理问题。

人的一生难免身处逆境、遭受挫折。近年来，青少年承受不了挫折导致的恶性事件不断增加，且呈现低龄化趋势，人们开始反思教育中"逆商""抗挫力"的培养。班主任应注重在班集体中形成相互支持的和睦氛围，引导学生面对挫折时，不盲目自信，不妄自菲薄，不过度沮丧，应直面挫折、悦纳挫折、勇于求助，找到内心的平衡，方能逐步建立自信，从容应对各种挑战。

2.途径

（1）直面挫折，适度焦虑

班主任应引导学生认识到挫折不可避免，正确把握挫折带来的适度焦虑感，应内心坦然，平静接受。过度焦虑，是被人们放大的焦虑，会夸大自己失败的可能性，从而忧虑、紧张和恐惧，失去信心。适度焦虑，有利于冷静分析，寻求合理适当的应对方法。

学生遇到的挫折，最多的是来自学业，其次是人际交往，如交友、和父母师长的关系。在认识和对待挫折时，要学会正确归因。分析是内因还是外因，分析目标是否恰当，自己的智力、能力、体力是否与目标相适应，如果目标定得过高，就要适当降低或更改，不要把远期目标当作近期目标。帮助学生厘清成因，方能迎难而上，实现真正的成长。

（2）悦纳挫折，多元应对

班主任应给学生示范并培养学生不抱怨的心态。抱怨容易产生负面情绪，负面情绪如滚雪球般累积增加，会使人对挫折的认知超过事件本身，或超过人能承受的限度。不怨天，不尤人，不把责任推给他人或外界环境，这是理解挫折、接纳挫折、悦纳挫折的第一步。"君子无所争，必也射乎！揖让而升，下而饮。其争也君子。"（《论语·八佾》）班主任应培养学生以平和的心态去面对各种不如意的结果，学习调节负面情绪的方法，采用合理多样的方式适度宣泄，寻求多种渠道解决问题，比如向同学、老师、家长、专业的心理老师倾诉或求助，获得多元的解决方法，避免情绪失控，伤人伤己。

（三）裁度于中　见义勇为

1.内涵

子路曰："君子尚勇乎？"子曰："君子义以为上。君子有勇而无义为乱，小人有勇而无义为盗。"

——《论语·阳货》

子路说："君子崇尚勇敢吗？"孔子说："君子把义看作是最尊贵的。君子有勇无义就会作乱，小人有勇无义就会去做盗贼。"孔子认为，"见义不为，无勇也"，勇与义相对，义是勇的基础和原则。义勇相比，"义以为上"；"勇而无礼则乱"，礼也应该排在勇之前；"好勇不好学，其蔽也乱"，可见学也排在勇之前。真正的君子之勇，只有在"义、礼、学"的重重约束之下，有所裁度，符合道义，致于"中"，勇才能发挥它应有的作用，而不至于生乱，逞小人之勇。《论语》中常讨论"勇"的问题，且每每与子路"好勇"的言行有关。子路"好勇"，雷厉风行，喜欢争强好胜，孔子循循善诱，肯定他治理政事的才干，也随时随地点拨教诲他要通过"学"把握言论行事、裁度事物的"中"道，以克服性格中的"偏""蔽"。

"勇"须有所节制，须配以周详的思考、审时观变。作为班主任，应该引导学生在遇到道德两难问题，如"扶与不扶"时，见义勇为。

2.途径

（1）仁义担当　见义勇为

第一，建立学生心中的"大义"，勇于担当。班主任应该首先重视把德育教育目标转化为学生内心的德性需求。爱国主义教育让学生明白国家大义，理想信念教育引导学生把个人的理想信念与国家民族的发展紧密相连，核心价值观教育从国家层面、社会层面、个人层面让学生树立正确的价值判断。班主任可以结合各种时事，在情境中开展教育活动，如国家危急存亡时，那些"振臂高呼"的身影；"疫情"发生时，那些"最美逆行者"的身影；"地震""洪灾"等灾难来临时，那些八方支援的身影……建立学生内心的基本原则，为国家培养勇于担当的接班人。

第二，培养生活中的仁爱之心，仁者爱人。班主任可以在处理突发事件过程中及时肯定挺身而出的见义勇为好少年，在日常生活中及时鼓励有助人行为的学生，在各种活动中巧妙设计需要主动参与、主动担当的机会，利用各种教育契机，让学生体会助人的快乐和见义勇为的高尚。

（2）审时观变　智勇双全

见义勇为不等于做无谓的牺牲。智勇双全，要好学善学，冷静处事，谋定而后动。

班主任要在每周的工作计划中落实日常安全教育。重视学生的课间活动安全，引导学生文明有序地游戏；在消防及地震等演练演习实践活动中练习自救方法；利用国家网上安全学习平台了解溺水、窒息、车祸等安全自救常识。引导学生认识到见义勇为不能盲目冲动，应该有过硬的救助知识和能力。教育学生遇险时先保护自己，鼓励学生具有求助的勇气。

作为班主任，培养学生形成"君子"一般的高尚人格，就要引导学生关心自己的身心健康，尊重学生自由发展的边界，引导学生形成自己独立的见解，并能坚持有意义的行为，以实现身心和谐发展。

二、关系和睦　成人达己

儒家教育思想以人为本，追求各种关系的和谐发展。孔子认为，人的生活具有社会性，人都生活在一定的关系中，有一定的地位、身份。君臣、父子、夫妇、兄弟、朋友，这五伦是古代社会基本的人伦关系。调节好这些关系，使每个人都能各得其所，就能达到"和"的目标。"和而不同"的前提是承认有不同，承认不同的存在是正常的、合理的，相互尊重对方的不同意见和利益，在承认不同的基础之上，来求得不同意见和利益之间的协调、平衡。

班主任可以从孔子"周而不比""成人达己，成己达人""择善而从"的交友思想中，引导学生学习处理同伴关系；从孔子与学生之间平等、相互尊重的言行中借鉴建立和谐师生关系的方法；从孔子"首孝悌"对家庭教育的重视中学习家校共育的智慧。

（一）周而不比　同伴和谐

1.内涵

（1）择友——以文会友，以友辅仁

纯粹的友情带来的是超脱功利的快乐。孔子提出"友其士之仁者"（《论语·卫灵公》），充分表明了他对于朋友品质中仁德的重视。子曰："益者三乐，损者三乐。乐节礼乐，乐道人之善，乐多贤友，益矣。乐骄乐，乐佚游，乐宴乐，损矣。"（《论语·季氏》）孔子结合"益者三友"和"损者三友"，适时地提出了"益者三乐"和"损者三乐"；又提出了好的朋友应具备的品质，即贤良或贤德，其实质也是要求朋友必须品质高尚，必须是仁者。

真正的君子用道义去交朋友，通过交友辅助仁德。曾子曰："君子以文会友，以友辅仁。"（《论语·颜渊》）曾子说君子"以友辅仁"，即选择品德高尚的人交往，与他们做朋友，受他们的影响熏陶，潜移默化，自己的思想境界和品德修养就会在无形中得到提高。换言之，便是"近朱者赤，近墨者黑"。所以，选择交往的对象是非常重要的。当我们要实现某种崇高的价值或理想时，志同道合的朋友的帮助是不可或缺的，因此我们要有意去结交学识和德行兼备的朋友。子曰："德不孤，

第五章　以和带班

必有邻。"（《论语·里仁》）有道德的人不会孤单，一定会有志同道合的人和他做伴。"物以类聚，人以群分"，这里的"类"和"群"是没有时间和空间的局限的。志同道合的人们之间，或许时空距离很近，或许很远，但是不管是近是远，最终他们都会产生共鸣。

子曰："视其所以，观其所由，察其所安，人焉廋哉？人焉廋哉？"（《论语·为政》）孔子说："（要了解一个人），应看他言行的动机，观察他所走的道路，考察他安心干什么，这样，这个人的内心怎能隐藏得了呢？这个人的内心怎能隐藏得了呢？"子曰："为政以德，譬如北辰，居其所而众星共之。"（《论语·为政》）孔子说："以道德教化来治理国家，自己就会像北极星那样，居于一定的方位，而群星都会环绕在它的周围。"从外部看，考察一个人所结交的朋友，就可以推断出这个人所属的类型。从内部看，人只有在朋友中间才能找到归属感，这种归属感不同于家的感觉。友情不仅可以满足情感表达交流的需要，还可以使人获得价值上的认同。我们通过朋友这面镜子，了解自己是谁，在交往中产生共鸣。

择友对于涉世未深、尚不能明辨是非的学生而言是一堂人生必修课。班主任应引导学生树立正确的择友观：品行端正为前提，博学多才可为师，志趣相投同道行。

（2）交友——成人之美，成己为人

子曰："君子成人之美，不成人之恶。小人反是。"

——《论语·颜渊》

孔子说："君子成全别人的好事，而不促成别人的坏事，小人恰恰与此相反。"孔子认为，成人之美是一种气魄，一种胸襟，一种君子风范。只有当这种风范成为每个人的自觉追求时，这个世界才会安宁，这个社会才会和谐。成就他人，能充分体现自我价值，也能发展和完善自我。

不和德性不如自己的人交朋友。"毋友不如己者"（《论语·子罕》），按孔子"三人行，必有我师"的说法，主要是指不与缺乏仁心、道德低下、人格卑污的小人为友。益友相处，互相尊重，取长补短，有过失互相规劝，有长处互相砥砺。君子之交，虽然亲密和谐，但绝非"酒肉朋友""江湖义气"，而是高尚的"道义之交"。孔子曰："益者三友，损者三友。友直、友谅、友多闻，益矣；友便辟、友善柔、友便佞，损矣。"（《论语·季氏》）孔子提出了"益友"和"损友"的鉴别之道，有益的朋友有三种，有害的朋友有三种。同正直的人交友，同诚信的人交友，同见闻广博的人交友，是有益的；同逢迎谄媚的人交友，同表面柔顺内心奸诈的人交友，同花言巧语的人交友，是有害的。

现代社会竞争激烈，有的学生以自我为中心，缺乏交往技巧，使得同伴关系成为困扰。"成人之美"不是让学生无谓地牺牲个人利益，做别人的踏脚石，而是"成人达己"，携手共赢。通过良好的同伴关系促进学生的认知发展和社会技能提升，锻炼学生的协调、合作能力，成己为人，形成良性合作氛围。

2.途径

（1）明晰分寸　不偏不倚

责善有度。子路问曰："何如斯可谓之士矣？"子曰："切切偲偲，怡怡如也，可谓士矣。朋友切切偲偲，兄弟怡怡。"（《论语·子路》）切切偲偲，意思是互相责善的样子；怡怡，意思是快乐和顺的样子。孔子说，朋友之间切切偲偲，意思就是互相责善而能和睦共处。子贡问友，子曰："忠告而善道之，不可则止，毋自辱焉。"（《论语·颜渊》）子贡问与朋友的相处之道，孔子说："忠心地劝告他并好好地开导他，如果不听从也就罢了，不要自取侮辱。"孔子主张的相处之道——恰到好处，真诚地互相对待，同时又互不越界。见人有过，想劝他改正过失、端正行为、把事做好，该注意些什么？要遵循劝人改过向善的正确方法，才能收到效果。正确的方法有：不指责对方忌讳的事、不尽数对方所犯下的过失、不涉及人身批判、不宜严峻刚正、不讲长篇大论、不要唠叨重复。要顾场合、顾方式、顾对方的尊严和感受。

不做"老好人"。《论语·阳货》讲到："乡愿，德之贼也。"这里的"乡愿"特指当时社会上那种不分是非，同于流俗，言行不一，处处讨好，也不得罪乡里的，以"谨厚老实"为人称道的"老好人"。虽然表面上看，是全不得罪乡人的"好好先生"，其实，他抹煞了是非，混淆了善恶，不主持正义，不抵制坏人坏事，全然成为危害道德的人。孔子认为朋友很重要的一点就是要正直、坦诚，如果仅仅是想与朋友搞好关系，为了不得罪朋友，甚至是为了讨好和逢迎朋友，以便自己能从中谋取既得利益，这种做法，孔子认为是非常可耻的，称之为"乡愿"，对之深恶痛疾。因此，班主任老师要引导学生把握相处的原则和底线，不能逾越。

择善从之。孔子曾经说过，"独学而无友，则孤陋而寡闻"（《礼记·学记》），"三人行必有我师也，择其善者而从之，其不善者而改之"（《论语·述而》），"当仁不让于师"（《论语·卫灵公》），"温故而知新，可以为师矣"（《论语·为政》）。而且孔子也是这样去做的，如孔子学鼓琴于师襄子，学乐于苌弘，跟老子问礼，"子入太庙，每事问"（《论语·八佾》）。韩愈在《师说》中也说过，"闻道有先后，术业有专攻""师不必贤于弟子，弟子不必不如师"。因为一个人的知识面是有限的，如果没有其他方面的知识作为参照，往往会陷于片面和极端。相反，如果有很多见闻广博的朋友相处而学，就会及时发现自己在材料的掌握和理解上存在的缺陷和不足，从而促使自己不断进步和提高。

言止有度。子问公叔文子于公明贾曰："信乎，夫子不言，不笑，不取乎？"公明贾对曰："以告者过也。夫子时然后言，人不厌其言；乐然后笑，人不厌其笑；义然后取，人不厌其取。"子曰："其然？岂其然乎？"（《论语·宪问》）孔子向公明贾问到公叔文子，说："先生他不说、不笑、不取钱财，是真的吗？"公明贾回答道："这是告诉你话的那个人的过错。先生他到该说时才说，因此别人不厌恶他说话；快乐时才笑，因此别人不厌恶他笑；合于礼要求的财利他才取，因此别人不厌恶他取。"孔子对公叔文子"时然后言""乐然后笑""义然后取"的处世之道赞许有加。

孔子曰："侍于君子有三愆：言未及之而言谓之躁，言及之而不言谓之隐，未见颜色而言谓之瞽。"（《论语·季氏》）孔子说："侍奉在君子旁边陪他说话，要注意避免犯三种过失：还没有问到你的时候就说话，这是急躁；已经问到你的时候你却不说，这叫隐瞒；不看君子的脸色而贸然说话，这是瞎子。"说话要注意避免三个问题："躁""隐""瞽"。也就是不该说的时候别乱说，该说的时候就要大方地说。

在《论语·里仁》篇中，子游曰："事君数，斯辱矣，朋友数，斯疏矣。"意思是进谏君主过于频繁，就会招致侮辱；劝老朋友过于频繁，就会反被疏远。因此，为人处世，讲究适度原则，不偏不倚，无过无不及，不厚此薄彼，明晰人际交往的分寸，在微妙的关系空间中寻求一种包含大智慧的平衡。

班级管理中，班主任们常常会接到这样的"投诉"：本是好友关系的两方却闹得面红耳赤、大动干戈，事情的原因对于"被告"而言，往往是一些微不足道的"小事"，但对于"原告"来说，却是不可触犯的"大事"。很多时候，问题出在朋友之间没有把握好相处的界限。班主任首先应以身作则，做出良好示范，再借助班级日常小事、同伴纠纷处理、班会课等引导学生具体明白哪些是"不可为"的事，懂得朋友间的分寸感，让友谊更加长久。

第一，不开过分的玩笑。切勿认为关系够亲密就可以给朋友取侮辱性的绰号，揭朋友的短处，或者说令朋友难堪的话。将心比心，换位思考，谁都不能接受这类侮辱自尊心的行为，作为朋友更要注意避免，勿要把低情商当有趣。

第二，不贬低朋友喜欢的事物。不把自己的好恶强加于人，不强行向朋友灌输自己的观点。如有不同观点，可以切磋探讨，保留意见，切不可因为观点不同伤了彼此的和气。

第五章 以和带班

第三，不刨根问底。过度关心则乱，当朋友已经表示不愿开口时，适可而止。有时默默陪伴比起毫无作用的"帮忙"更让朋友安心。

第四，不随意动朋友的物品。即使是朋友，也应互相尊重对方的隐私，不乱动朋友的物品，更不可自作主张将朋友的物品拿来随意使用。若要使用先征得对方同意，朋友之间也应如此。

第五，不替朋友做决定。朋友遇事，可以真诚地表达建议，讨论事情的利弊，但是关键性的决定还需朋友自己来做。一厢情愿地以"为你好"的名义替他人做决定，即使是真心想帮助他人，也可能让对方难以接受。

交友忠信。有子曰："信近于义，言可复也。恭近于礼，远耻辱也。因不失其亲，亦可宗也。"（《论语·学而》）。子曰："君子不重则不威，学则不固。主忠信。无友不如己者。过则勿惮改。"子夏曰："贤贤易色；事父母，能竭其力；事君，能致其身；与朋友交，言而有信。虽曰未学，吾必谓之学矣。"（《论语·学而》）曾子曰："吾日三省吾身：为人谋而不忠乎？与朋友交而不信乎？传不习乎？"（《论语·学而》）定公问："君使臣，臣事君，如之何？"孔子对曰："君使臣以礼，臣事君以忠。"（《论语·八佾》）孟子也曾说过："父子有亲，君臣有义，夫妇有别，长幼有序，朋友有信。"（《孟子·滕文公章句上凡五章》）

以上观点明确提出了作为朋友应该言而有信。其实，孔子在"益者三友"中所说的"友谅"，本身就包含着作为朋友应该讲求诚信的意思。一个人能够看重贤德而不以女色为重；侍奉父母，能够竭尽全力；忠于祖国，能够献出自己的生命；同朋友交往，说话诚实恪守信用。因此，孔子及其弟子关于交友之道的思想是一脉相承的。子曰："老者安之，朋友信之，少者怀之。"（《论语·公冶长》）当孔子和弟子讨论个人愿望时，孔子说："但愿老人能享受安乐，朋友之间能够互相信任，年少的人能得到关怀。"孔子更重视内在的方面，即朋友之间应该互相信任，相互责善而和睦共处。

（2）创造条件　善于交友

班主任要教给学生交友技巧。交友的前题是先确定对象，可以通过班科联合、小组合作、家校联动等方式创设交友环境，促进学生由被动交友到主动交友、善于交友。

班科联合促交友。班主任可联合科任教师开发设计以"人际交往"为主题的班本课程，帮助学生习得交友的技巧；可利用绘本等书籍教学生礼貌用语和交友用语；可进行人际交往训练，引导学生学会倾听、共情、分享等；可让学生在体育活动中感受共同拼搏、相互竞争带来的交往体验……

小组合作助交友。班主任在小组设置上需要多动心思。首先，小组人数要适度，建议二到四人为宜；其次，小组一般根据学生的学习能力、性格特点、兴趣爱好等进行差异化配置，以此加强同伴间的互学、互补、互助；再者，建议制定"小组合作公约"，如组长轮流制、成员分工、座次安排等，确保全员参与，展示自我，发现同伴的闪光点。在一次次合作中，历练能力，培养默契，增进感情。小组合作制下的友谊，荣辱与共，相得益彰。

家校联动拓交友。班主任可建议家长鼓励孩子主动交友，给予孩子更多的交友机会，并及时肯定孩子成功的交友经验。例如：鼓励孩子主动交流，积极参与交往，热情邀请同伴来家里做客，邀约同伴参与社会实践等。

（二）春风化雨　师生和谐

1.内涵

《论语》体现了师者仁心、因材施教、真诚相待、亦师亦友、和而不同、和谐融洽的师生关系。

（1）师者仁心，因材施教

伯牛有疾，子问之，自牖执其手，曰："亡之，命矣夫！斯人也而有斯疾也！斯人也而有斯疾也！"（《论语·雍也》）冉伯牛病了，孔子去探望他，从窗户里握着他的手，说道："没有办法，真是命呀！这样的人竟得这样的病呀！这样的人竟得这样的病呀！"孔子为冉伯牛的不幸而牵挂、担忧、焦虑。颜渊死，子曰："噫！天丧予！天丧予！"（《论语·先进》）颜渊死了，孔子说："唉！上天是要我的命呀！上天是要我的命呀！"孔子对颜回的死无比悲痛。可见他与弟子之间的感情非常深厚。

孔子作为一个老师具有高度的责任心，他循循善诱，以身作则，引导学生形成健全的人格，注重综合素质的培养；他德才兼备，经验丰富，以仁爱之心凝聚师生情谊；他的指导讲究方法，富有远见，了解他的学生，不厚此薄彼，而是针对各人的特点加以引导，使每个学生都能完善自身，扬长补短。

（2）真诚相待，亦师亦友

"仁者爱人，有礼者敬人，爱人者人恒爱之，敬人者人恒敬之"，孔子从来不吝于流露真实情感。他既能发自肺腑地赞美颜回"一箪食，一瓢饮，在陋巷，人不堪其忧，回也不改其乐。贤哉，回也！"又能就事论事地指责宰予"朽木不可雕也，粪土之墙不可杇也"，还会充满辩证地评价子路"由也好勇过我，无所取材"。孔子实际充当着亦师亦友的角色，表现出或喜或忧的感情都源于对学生的关爱。

弟子们对于孔子也充满了敬佩和拥护，感激其教诲"仰之弥高，钻之弥坚，瞻之在前，忽焉在后。夫子循循然善诱人，博我以文，约我以礼，欲罢不能"。当有人诋毁孔子时，他们严肃地反驳"无以为也！仲尼不可毁也。他人之贤者，丘陵也，犹可逾也；仲尼，日月也，无得而逾焉。人虽欲自绝，其何伤于日月乎？多见其不知量也。"这不是表面的奉承，而是发自内心的景仰与爱护。孔子死后，众弟子庐墓三年，子贡守墓六年，师生之情胜过父子。

（3）和而不同，和谐融洽

子曰："从我于陈、蔡者，皆不及门也。"德行：颜渊，闵子骞，冉伯牛，仲弓。言语：宰我，子贡。政事：冉有，子路。文学：子游，子夏。

——《论语·先进》

这就是著名的"孔门十哲四科"。孔门弟子众多，每个人都有着不同的资质。优于德行的有颜渊、闵子骞、冉伯牛、仲弓；优于言语的有宰我、子贡；优于政事的有冉有、季路；优于文学的有子游、子夏。在孔子看来，不同资质的人有可能胜任同一件事，"由也果""赐也达""求也艺"，他们三个可以发挥各自特长，以不同的优势从事政事，都能游刃有余；同时不同性格的人也可以依据其特点从事不同的职业，"由也，千乘之国，可使治其赋也""求也，千室之邑、百乘之家，可使为之宰也""赤也，束带立于朝，可使与宾客言也"，不拘一格，各尽其才。孔子"和而不同"的育人理念带来弟子才能的多样性和众星拱月的格局。

2.途径

良好的师生关系需要以身作则，以身立教，相互了解，灵活施教，平等对话，彼此尊重。

（1）以身作则，以身立教

子曰："其身正，不令而行；其身不正，虽令不从。"

——《论语·子路》

孔子说："如果自身行为端正，不用发布命令，事情也能推行得通；如果本身不端正，就是发布了命令，百姓也不会听从。"孔子一生都坚持不懈地学习，持之以恒地从事教育事业。他不断追求完善的精神，深深影响了他的学生。他重视教师在教学过程中的主导作用，强调教师以身作则，正人正己的"身教"意义，为取得教与学的和谐提供了有力的保障。

中小学生往往存在较强的"向师性"，对教师充满崇拜感，尤其是关系密切的班主任，一言一行都可能成为他们模仿的对象。班主任言传身教，方能以德育德，以行导行。

第五章
以和带班

（2）相互了解，灵活施教

师生之间的相互了解是灵活施教的前提。学生往往对班主任的育人理念知之甚少，甚至没有了解的愿望，有时只是一味希望从老师那里拿到一个满意的分数，而忽视了与老师的沟通交流，忽视了学习的真正意义。在这样的前提下，难以形成和谐的师生关系，师生之间的隔膜最终会影响育人效果。

孔子判断对错向来对事不对人，客观地评判学生的长处与不足，他不因为欣赏一个学生而忽视他的缺点，也不因为学生在某件事或某个方面的失误影响其他方面的评价。比如孔子赞赏子路的"不嫉妒，不贪求"，子路听说后常把这句话挂在嘴边，孔子便又说，仅仅这样，怎么能够好得起来？孔子能从每个学生身上找出优点加以肯定，比如他把弟子分成几类：品行优秀的，有政治才能的，擅长外交应对的，精通古代典籍制度的。老师对学生充分、客观地了解，有利于增强学生的自信，发掘其自身价值，形成融洽的师生关系。

《论语》中记载的颜渊、子路、子贡等人对孔子的评语，虽各有异同，却都反映出他们对老师为人治学的独到认识，了解越是深入全面的学生，往往越能认识孔子及其学说的伟大之处，从而领悟学习与为人处世的真谛。

（3）平等对话，彼此尊重

《论语》中和谐的师生关系建立在平等和相互尊重的基础上，不仅仅体现在师生之间，还体现在同门弟子之间。孔子对待不同的学生，无论是平民出身的曾参父子还是贵族出身的南宫敬叔，无论是穷困的子张还是富有的子贡，无论是对自己恭恭敬敬的颜渊还是敢于指责反对老师的子路，都能做到平等相待，对错分明，从不厚此薄彼。

孔子的课堂优雅而闲适，师徒相对而坐，曾皙弹着古琴，孔子即兴而谈。谈论个人的志向时，他说："不要因为我比你们年长几岁，你们就感到拘束而不敢说话，你们经常说没人理解你们，假如有人理解你们，打算做什么呢?"他的出发点是相互理解，所以建议学生们各抒己见，畅所欲言，这种做法颇为民主，比一言堂现象要先进得多。当弟子们纷纷发表观点时，无论是"宗庙之事，如会同，端章甫，愿为小相焉"这样明确的政治抱负，还是"暮春者，春服既成，冠者五六人，童子六七人，浴乎沂，风乎舞雩，咏而归"这样充满诗情画意的游历，都得到了孔子的肯定与支持。

当子路问及孔子志向时，孔子表明他的志向是"老者安之，朋友信之，少者怀之"。他平易近人，善于倾听，"不以人废言"，尊重学生的意愿，真正践行了他的理想。他还认为教师不应"唯我独尊"，学生也不必"百依百顺"，当发现问题时应及时提出，积极沟通。

但是，师生的彼此尊重也应受到"礼"的约束。孔子心目中的"礼"是内心道德修养的外在表现，也体现在师生关系之中。孔子极力推崇周礼，以此作为立身和约束弟子的行为规范。按照周礼的要求，等级制度被摆在了非常重要的地位上。我们可以推知，当时师生之间的关系应该是森严、不可逾越的，尤其是学生对老师应当绝对尊重。当今，学生时有对老师无礼的行为，这些蔑视、诋毁甚至是侮辱的情况，让我们看到其背后暗示的种种危机。

《论语》向我们展现了两千五百年前的师生关系，反观现实，引起不尽的反思：虽然我们早已脱离那个师道尊严为绝对权威的时代，但《论语》中的师生相处之道对于营造和谐氛围仍有颇多借鉴意义。毕竟，即使再亲近的关系，如果失去对彼此的尊重，也会变得无处附丽。

（三）携手共进　亲子和谐

1.内涵

（1）父慈子孝

父慈。子曰："予之不仁也！子生三年，然后免于父母之怀。夫三年之丧，天下之通丧也，予也有三年之爱于其父母乎！"（《论语·阳货》）孔子说宰我："丧期不到三年就吃稻米，穿锦缎，对你来说心安吗?"宰我说:"心安。"孔子说:"你心安,就那样做吧!君子服丧,吃美味不觉得香甜,听音乐不感到快乐,住在家里不觉得舒适安宁,所以不那样做。现在你心安,就那样去做吧!"在孔子看来,父母爱孩子天经地义,无条件地照顾孩子,保障孩子的基本物质需要,孩子出生三年之后才能完全脱离父母之怀。宰我如此行事,难道没有从他父母那里得到过三年怀抱之爱吗?

无违。孟懿子问孝,子曰:"无违。"樊迟御,子告之曰:"孟孙问孝于我,我对曰'无违'。"樊迟曰:"何谓也?"子曰:"生,事之以礼;死,葬之以礼,祭之以礼。"(《论语·为政》)孟懿子问什么是孝道。孔子说:"不要违背礼节。"不久,樊迟替孔子驾车,孔子告诉他:"孟孙问我什么是孝道,我对他说,不要违背礼节。"樊迟说:"这是什么意思?"孔子说:"父母活着的时候,依规定的礼节侍奉他们;死的时候,依规定的礼节安葬他们,祭祀他们。"孝顺就是不违背礼制,活着的时候,要按照礼制侍奉,死了之后要按照礼制祭祀。

色难。子夏问孝。子曰:"色难。有事,弟子服其劳;有酒食,先生馔,曾是以为孝乎?"(《论语·为政》)子夏问什么是孝道,孔子说:"侍奉父母经常保持和颜悦色最难,遇到事情,由年轻人去做;有好吃好喝的,让老年人享受,难道这样就是孝吗?""色难",难在尊重,难在耐心,难在包容。孩子对父母有着深切笃定的孝心,就会由衷地表现出愉悦和婉的神色。若能在父母面前一直保持着和悦的神色,就算作真孝顺了。

观志。子曰:"父在,观其志。父没,观其行;三年无改于父之道,可谓孝矣。"(《论语·学而》)孔子说:"当他父亲活着时,要看他本人的志向;他父亲去世以后,就要考察他本人的具体行为了。如果他长期坚持父亲生前那些正确原则,就可以说是尽孝了。"孔子主张子女要以父辈为尊,不得擅作主张,应当跟着父辈好好学习。了解家族传统,有继承父辈美德的志向,就算是一个有孝心的人。

（2）爱而有度

劳乎诲乎。子曰："爱之，能勿劳乎？忠焉，能勿诲乎？"（《论语·宪问》）孔子说："爱护一个人，怎能不训练他、让他常常劳动呢？真心为一个人好，怎么能不规劝教导他呢？"父母对待孩子，一是关怀，二是教导。孔子提倡父母对子女要爱护，但不溺爱，爱护要适度、有原则，不能一味地爱，应创造条件让他"劳"，这样不仅有助于培养他吃苦耐劳的品质，还有助于培养他分析问题、解决问题的能力。

几谏。子曰："事父母几谏，见志不从，又敬不违，劳而不怨。"（《论语·里仁》）孔子说："侍奉父母，对他们的缺点应该委婉地劝止，如果自己的意见没有被采纳，仍然要对他们恭敬，不加违抗。只在心里忧愁而不怨恨。"子女不能对父母的过错视而不见，但在劝谏父母时，要委婉而和气，注意时机场合、方式方法和措辞，把握好度，耐心细致，维护长辈的尊严和感情，让他们自己认识到问题。

2.途径

班主任在进行家庭教育指导时，应引导家长建设和谐的亲子关系，重点进行亲子沟通的指导。

（1）互相尊重

子贡问曰："有一言而可以终身行之者乎？"子曰："其'恕'乎！己所不欲，勿施于人。"（《论语·卫灵公》）"己所不欲，勿施于人"，是人际交往、沟通的黄金法则。互相尊重是亲子有效沟通的前提，用心倾听彼此的观点，从更多的角度去思考，从而实现家长与孩子的共同成长。班主任应指导家长和孩子的亲子沟通技巧，引导彼此主动积极地沟通。

接纳。父母要尊重孩子的隐私、情绪、爱好、观点、追求等，发自内心地接纳孩子，无条件地给予孩子爱和支持。孩子要尊重父母的观念、想法，接纳与父母之间的代沟与分歧，支持父母的理想与追求等。父母要坦然地面对青春期孩子对父母的疏远，要克服过分的焦虑与控制欲。遇特殊孩子缺乏沟通能力时，要请教专业人士，善于通过游戏（角色扮演、故事引导、情感识别训练等）促进亲子沟通。

坦诚。有研究证明，100％沟通效果=10％语言+35％表情+55％情绪。在亲子沟通时，双方要坦诚以待、温和平静、有礼有节，维护彼此的尊严，勿把辱骂当成批评；父母要勇于承认自己的错误，就事论事，明确沟通目的，不带情绪地表达观点。寻找不同家庭的沟通机制，如离异或重组家庭，有重大事件时，要主动和孩子沟通；单亲家庭，也要找到和孩子沟通的有效方法。

理性。先解决情绪，再找机会解决问题，"观察事实—表达主观感受—表明需求—提出具体请求"，这是非暴力沟通的关键！父母的想法只是建议，最终由孩子决定。妈妈要避免说话琐碎，表达要抓住重点；爸爸要避免传递竞争的焦虑。父母切忌沟通的主题总是围绕学习，多聊聊孩子感兴趣的话题，分享彼此的生活，以受宠若惊的态度去倾听，保护孩子的分享欲。要尊重孩子的圈子、兴趣、观点，保护孩子的独立感，尊重彼此的边界。不在孩子面前诋毁对方，不用感恩对孩子进行道德绑架，通过父母的言传身教，让感恩成为家庭的生活方式。

放手。父母在家里，只做父母，不做权威，要善于示弱，要善于与孩子做朋友，不代替孩子进行思考和接受教育，培养孩子成为一个有主见、有能力的人。父母要关注孩子人前人后是否有不一致的情况，引导孩子要有自己的判断，对自己负责任，进行自我教育，鼓励孩子做真实的、想做的自己。

（2）讲求原则

"父母之爱子，则为之计深远。"父母对孩子的爱，之所以显得伟大，皆在于理性。因此，在关乎具有明确的是非边界的事情上，一定要讲原则，即错了就是错了，明确而具体地告诉孩子正确的做法是什么。对于孩子的错误行为，明确制止；对于严重的错误行为，在基于关怀与支持的前提下施以恰当的惩罚，惩罚要提前告知，要根据约定执行，惩罚后要有爱的表达。在重要问题上，家长要坚持有原则的强硬立场。讨价还价、不讲原则是典型的沟通陷阱。亲子双方都不按照约定办事，家长一味退让，孩子则得寸进尺，难以达到预期的沟通目的。

三、万物和融　天人合一

子曰："予欲无言。"子贡曰："子如不言，则小子何述焉？"子曰："天何言哉？四时行焉，百物生焉，天何言哉？"

——《论语·阳货》

孔子说："我想不说话了。"子贡说："您如果不说话，那我们这些学生传述什么呢？"孔子说："天说什么话了吗？四季照样运行，万物照样生长，天说什么话了吗？"孔子重视"天人合一"，意思是四季万物都按照一定的规律运行，强调顺应自然、敬畏自然，建立一种人与自然和谐发展的关系，即达到"和"的境界。"天人合一"思想的实质是主张将天、地、人作为一个统一、和谐的整体来考虑，既要发挥人的主观能动性，充分改造自然和利用自然，又要尊重自然界的客观规律，在保护自然资源和生态环境的基础上进行生产活动，切勿一味索取，片面地利用自然和征服自然。孔子提出"仁者以天地万物为一体"的观念，把天地万物归结为一个生命系统的统一，把那些对自然施以尊重、发自内心爱护万物的人看作是具有崇高道德的人，将对人类的小爱进一步推及到对世界万物的大爱。

现代社会，由于对经济增长的过度追求，对"天人合一"的思想认知不到位，破坏了人与自然的和谐，加剧了人与自然的对立。班主任应培养学生敬畏天命、顺应自然的思想，树立"取物以节"的意识，循序渐进地进行有情、有洁、有序的环保实践。

（一）敬畏天命　顺应自然

孔子曰："君子有三畏：畏天命，畏大人，畏圣人之言。小人不知天命而不畏也，狎大人，侮圣人之言。"

——《论语·季氏》

孔子说，君子有三件敬畏的事情：敬畏天命，敬畏地位高的人，敬畏圣人的话。小人不知天命不可违抗所以不敬畏它，也不敬畏、不敬重地位高的人，还轻侮圣人之言。孔子把敬畏天命放在第一位。

畏天命，是对自然规律的敬畏，顺之则吉，逆之则凶。在《论语·八佾》中，孔子强调"获罪于天，无所祷也"，如果人得罪了上天，违背天理，你就无处可祈祷了。《论语》中多次借用孔子与弟子的言行、环境的描写传达了人与自然的相处之道，即不违背自然的规律，实现和谐共生。《礼记》也有记载，孔子认为"断一树，杀一兽，不以其时，非孝也"。《中庸》亦有言："万物并育而不相害，道并行而不相悖。小德川流，大德敦化。此天地之所以为大也。"儒家学说重视天人关系，主张万物和谐共存，这种思想，就是所谓的"上天有好生之德"。孔子重视仁道，主张人类应该效仿上天，不仅对人类自己，即便是对鸟兽，也应该心怀仁德。古人几千年来的智慧在现代社会仍是受用无比，意义深远。

《中华人民共和国国民经济和社会发展第十四个五年规划和2035年远景目标纲要》指出，生态文明建设要实现新进步，优化国土空间开发，广泛形成绿色生产生活方式，能源资源配置更加合理、利用效率大幅提高，碳排放达峰后稳中有降，生态环境根本好转，美丽中国建设目标基本实现。

班主任要开展大气、土地、水、粮食等基本国情教育，培养学生尊重他物、尊重自然的环境保护意识，增强学生解决环境污染问题的能力，推动实施垃圾分类，倡导绿色消费，让孩子在健康、绿色的环保理念下成长，养成勤俭节约、低碳环保、自觉劳动的生活习惯，形成健康文明的生活方式。引导学生自觉维护世界万物的自由发展，并能外化为与自然万物和谐相处的行为。

（二）取物以节　节用爱人

子钓而不纲，弋不射宿。

——《论语·述而》

孔子只用鱼竿钓鱼，而不用大网来捕鱼；用带的箭射鸟，但不射归巢栖息的鸟。这里体现的是孔子"取物以节"的思想，讲求节制欲求，告诉人们要对动物心存仁爱，不可滥捕滥杀，影响到鱼类的正常繁衍。"节用而爱人，使民以时"（《论语·学而》），"节用"就是指一国之君应当节约财政开支，不要铺张浪费。"麻冕，礼也；今也纯，俭，吾从众。"（《论语·子罕》）用麻线来做礼帽，是合乎礼的；如今用丝来制作礼帽，这样省俭些，我赞成大家的做法。为了节俭，孔子对于最看重的"礼"也可以更改。儒家看重人与自然的和谐，凡事都要讲求度，如若过了这个度，便是无道。万物各得其和以生，各得其养以成。自然界中有其生存繁衍的规则，人们在利用自然资源时应顺应规则，既要考虑眼前，又要兼顾长远，体现了可持续发展的观点。

孔子的这种"取物以节"的思想，对于现代这个物欲横流、自然环境受到严重破坏的社会，有着极大的教育和指导意义。大力推进生态文明建设的途径之一，就是全面促进资源节约。节约资源是保护生态环境的根本之策。要节约利用资源，控制能源消费总量，加强节能降耗，推进循环利用。

班主任应引导学生了解、关注生态环境被严重破坏的现状，带领学生参观节约能源展览馆、污水处理企业等，引导学生建立节能减排的意识。开展丰富多彩的节能主题实践活动，鼓励学生探索节能减排的小妙招，将环保知识实践到日常生活中，倡导"极简主义"的生活方式，宣传节能环保、绿色低碳的生活理念。如购物随身携带环保袋，拒绝使用一次性消耗品；懂得废物回收或改造，循环利用资源；养成随手关灯、节约用电、节约用水的习惯；家中的电视、音响尽量小声，不制造噪声等。引导学生勤俭节约，争做低碳小达人，知行合一，为"美丽中国"贡献自己的力量。

（三）洒扫应对　循序渐进

子游曰："子夏之门人小子，当洒扫应对进退则可矣。抑末也，本之则无，如之何？"子夏闻之，曰："噫，言游过矣！君子之道，孰先传

第五章

以和带班

焉？孰后倦焉？譬诸草木，区以别矣。君子之道焉可诬也？有始有卒者，其惟圣人乎！"

——《论语·子张》

子游说："子夏的学生们，做洒水扫地、接待客人、趋进走退一类的事，是可以的，不过这些只是细枝末节的事。根本的学问却没有学到，这怎么行呢？"子夏听到这话，说："咳！言游说错了！君子的学问，哪些先传授、哪些后传授，就好比草木一样，是区分为各种类别的。君子的学问，怎么能歪曲呢？有始有终地循序渐进，大概只有圣人吧！"

"万物和融，天人合一"的思想离我们的生活并不遥远，我们常用而不自知。班主任可以和学生共同打造有情、有洁、有序的教室，实现人与环境的和谐共处，从"扫一室"做起，进而实现"扫天下"。

孟子有言："不违农时，谷不可胜食也；数罟不入池，鱼鳖不可胜食也；斧斤以时入山林，材木不可胜用也。"人与自然是命运共同体，人类必须尊重自然、顺应自然、保护自然，还自然以宁静、和谐、美丽。我们应该在心中播种低碳节能、绿色环保的种子，让"天人合一""绿色发展"的低碳发展理念传达到千家万户，共同建设"美丽中国"！

第三节 以和为贵 别中求和——"和"的目标

"和"不只是一个概念或美好的愿望和追求，有着丰富、深刻的内涵：是中国人的宇宙观，中国人最高的价值追求，包含着待人处事的基本原则；是既包括基本理念、价值，又包括运用原则和方法的思想体系。

"礼"。"礼之用，和为贵。""礼"在于明确人们的不同关系和各自所处的地位，规范其行为，达到"和"这一最高的价值追求。"礼"是中国古代国家、社会管理的基本规范，维系着社会和谐。人的生活是社会性的，人都生活在一定的关系中，有一定的地位、身份，形成了社会中基本的人伦关系，例如上下级、亲子、夫妻、兄弟、朋友、师生、同事、陌生人等。"礼"以承认差别为前提，以各得其所为目标。所以"礼"的特点是"别"，明长幼有序、男女有别，"礼"就是在对人上述关系中的地位、身份进行区别、分别的基础上产生的，它反映这种区别、分别，并对不同的人的地位和身份提出不同的要求，以求社会关系之间的和谐，即各得其所、别中求和。

"别"。"礼起于何也？曰：人生而有欲，欲而不得，则不能无求，求而无度量分界，则不能不争。争则乱，乱则穷。先王恶其乱也，故制礼义以分之，以养人之欲，给人之求，使欲必不穷乎物，物必不屈于欲，两者相持而长，是礼之所起也。"（《荀子·礼论》）也就是给上下、长幼、亲疏各定出度量分界，使他们各自都有所依循，以避免争斗，求各得其所。

"和"是最高价值追求，"和"的现代精神不是明尊卑、别贵贱，而是别中求和。"和"不是无原则的调和，不能为和而和，要以礼节之。

总之，中华文化中"和"的思想，是一个博大精深的体系。它是一个中华文化大智慧的宝库，值得我们认真研究、发掘、传承、发扬。以"和"文化为指引，培养有"和"文化基因的学生，建设有"和"文化的班级，打造具有"和"文化的区域，引导广大学子立大志、明大德、成大才、担大任。

一、"和"文化的学生自画像

（一）培根铸魂——为祖国育英才

子曰："君子怀德，小人怀土；君子怀刑，小人怀惠。"

——《论语·里仁》

孔子说："君子心怀的是道德，小人怀念的是乡土；君子关心的是刑罚和法度，小人关心的是私利。"这里提到君子与小人这两个不同类型的人格形态，孔子认为"君子怀德"，君子应该有高尚的道德，他们胸怀远大，视野开阔，考虑的是国家和社会的事情，而小人则只知道思恋乡土、小恩小惠，考虑的只有个人和家庭的生计。

"君子人格"是儒家思想中具有"和"文化的高尚人格，也是千百年来中国人崇尚与追求的一种美好德行。在"和"文化的濡养下衍生出了一种儒家理想人格——"君子"，君子修己以敬，君子义以为上，君子以天下为己任，他们不仅有高尚情操能够独善其身，更有兼济天下的人文情怀。纵观整部《论语》，全书共提到"君子"二字多达107处。《论语》中的"君子"有两层含义，包含"有德者"与"有位者"两种意思，但多是指"有德者"，即具有高尚人格的人。

落实立德树人的根本任务，要引导广大青少年努力成为堪当民族复兴重任的时代新人，让青春在为祖国、为民族、为人民、为人类的不懈奋斗中绽放绚丽之花。

（二）启智润心——涵养君子品格

在儒家的核心价值体系中，"君子"品格的范畴是丰富多样的，包括仁、义、礼、智、信、勇、廉、耻、孝、忠等。在君子人格修养所具备的道德规范体系中，"三达德"（即仁、智、勇）、"四维"（即礼、义、廉、耻）、"五常"（即仁、义、礼、智、信）都是重要的品格要求。其中，在君子人格修养所具备的道德规范体系中，"三达德"居于核心地位，为顺应国家和民族发展的需要，须注重学生基本品格的培养。

1．"仁"

曾子曰："士不可以不弘毅，任重而道远。仁以为己任，不亦重乎？死而后已，不亦远乎？"

——《论语·泰伯》

"仁"是建构君子品格的核心范畴。曾子说："士不可以不弘大刚强而有毅力，因为他责任重大，道路遥远。把实现仁作为自己的责任，难道还不重大吗？奋斗终身，死而后已，难道路程还不遥远吗？"君子以"仁"为己任，班主任则应以"立德树人"为己任，广大学子应以"实现中华民族的伟大复兴"为己任，方能各得其所，各尽其能，各得其用。《朱子语类》有言："为学须先立志。志既立，则学问可次第着力。立志不定，终不济事。"广大青少年要坚定理想信念，志存高远，脚踏实地，勇做时代的弄潮儿。

2. "智"

樊迟问知，子曰："务民之义，敬鬼神而远之，可谓知矣。问仁，曰："仁者先难而后获，可谓仁矣。"

———《论语·雍也》

樊迟问什么是明智，孔子说："致力于人世间该做的事情，对鬼神抱敬而远之的态度，这就可以说是明智的了。"樊迟又问什么是仁，孔子说："有仁德的人总是先付出艰苦的努力，然后才有所收获。这就可以说是仁了。"尽力做对人民适宜、合理的事情，才是中国的典型智慧。即己心与道心、天心的合一，才是真智慧、大智慧。孔子曰："生而知之者，上也。学而知之者，次也。困而知之者，又其次也。困而不学，民斯为下矣！"（《论语·季氏》）孔子把人的资质分为上中下三等。上等的人是生而知之者，他生来就知道一些事情。次一等的人是学而知之者，他虽然不学不知，但是一学就会；又次一等的人是困而知之者，困就是有所不通，虽然心智不是特别通达，但能发愤求学，这样也能成功。最下等的是，天资既钝，又不肯求学的人。孔子激励人求学、向学、好学，在明明德，在亲民，在止于至善。

"和"文化孕育下的智慧少年，应始终抱有实事求是的进取态度，始终抱有"为天地立心，为生民立命，为往圣继绝学，为万世开太平"之大气魄、大智慧！

3. "勇"

子曰：好勇不好学，其蔽也乱；好刚不好学，其蔽也狂。

———《论语·阳货》

子曰："好勇疾贫，乱也。人而不仁，疾之已甚，乱也。"

———《论语·泰伯》

第五章 以和带班

孔子说:"爱好勇敢却不爱好学习,它的弊病是犯上作乱;爱好刚强却不爱好学习,它的弊病是狂妄自大。"孔子说:"喜欢勇敢逞强却厌恶贫困,是一种祸害。对不仁的人憎恶太过,也是一种祸害。""勇敢"应该以"义、仁、礼、好学、不厌恶贫困"相连,勇者义以为上,勇者仁以为先,勇者尊德尚礼,勇者勤而好学,勇者安贫乐道。

"和"文化孕育下的青少年应尚"勇",尚"勇"不是有勇无谋,也不是狭义的和歹徒搏斗、舍己为人的英雄行为,而是看到应该做的,符合道义要求的就应在力所能及的范围内尽量去做,要避免见义不为。在日常生活中,凡事都以应该不应该作为指导自己行动的原则,从每一件小事做起,应该做的就去做。

4."义"

"君子之于天下也,无适也,无莫也,义之与比。"

——《论语·里仁》

子谓子产:"有君子之道四焉:其行己也恭,其事上也敬,其养民也惠,其使民也义。"

——《论语·公冶长》

孔子认为子产有四个方面可谓君子:待人处世谦恭,待奉君上认真,爱护百姓施惠,役使百姓合乎情理。在孔子的价值体系中,连接内心"仁"的愿望与外部世界事与物的桥梁,是对一个人的"义"的要求。《论语》中,"义"字出现24处。《论语》中的"义",主要的意思是恪守做人做事的道理、准则,做应该做的事情,是一种正当性、合理性的价值判断和实践理性的要求,是社会伦理道德规范的要求。天下的事情,没有一定之规,应以义为准则,该怎么做、怎么做合适,就去怎么做。君子以践行"义"为快乐、为行动的指南;小人以获取"利"为快乐、为行动的指南。

青少年为人处事应以义为准则,有明确的义利观,牢记义,践行义,展现义,知义而勇为,做合乎情理的事情,违背"义"的原则而获得的不当之利和荣华富贵，不可取。

（三）致和君子——达成君子品格

子曰："中庸之为德也，其至矣乎！民鲜久矣。"

——《论语·雍也》

孔子说："中庸作为一种道德，该是最高等的了吧！但人们缺少这种道德已经很久了。"《论语》中提及"中庸"一词，仅此一条。中庸又被称为"中道"，中庸是最高的德行，是不偏不倚的平常的道理。中庸又称为"中行"，是人的气质、作风、德行都不偏于一个方面，恰如其分，无过无不及，和谐发展。

孔子的弟子说孔子"温而厉，威而不猛，恭而安"，这是性情上的中道，也是修养的境界。孔子称赞"中行"之士。子曰："不得中行而与之，必也狂狷乎！狂者进取，狷者有所不为也。"孔子说，实在是找不到言行合乎中道的人交朋友，那一定要交狂狷之士做朋友呀！狂者一意向前，是豪迈慷慨之士，心地坦然。狷者毫不苟取，不要不义之财，个性独立又有修养。进取的狂者与有操守的狷者都很不错，但还不是第一等人，第一等人是综合了两者之优长的中行之士。

涵养学生的君子品格绝非一朝一夕可为。"君子中庸，小人反中庸。君子之中庸也，君子而时中。"（《中庸》）"时中"的意思是随时制宜，随时符合标准。班主任的育人行为要与时代的要求相符合，要适中，要正当。"天命之谓性，率性之谓道，修道之谓教。"（《中庸》）上天赋予人本性，班主任应该遵循自己和学生的本性而行，使学生能依其本性而行，让一切事合于正道。

二、"和"文化的班级自画像

（一）远景引领　目标和谐

1.志存高远

子曰："三军可夺帅也，匹夫不可夺志也。"

——《论语·子罕》

孔子说:"一国的军队,可以强行使它丧失主帅;一个男子汉,却不可以强行夺去他的志向。"在孔子看来,"三军夺帅"是一件极其艰难的事情,但比这更难的是夺人之志。在此处,他肯定了坚定的志向对于人生的意义和作用。"我欲仁,斯仁至矣"(《论语·述而》),这里强调心中有志向才能有所守。儒学一开始就认可人的主观能动性,强调人的价值,倡导人们通过道德修养和能力提升,最终建功立业,实现充实而壮美的人生。一个人能不能坚守住自己的志向,完全在于自己,成也由己,败也由己。

和文化的班级注重涵养学生的君子人格,老师和学生应有坦荡的胸襟,做事光明磊落,敢做敢当,大气包容,不斤斤计较,不患得患失。具有和文化的班级,要有高尚的人格,要有远大的志向。班级有了坚定的志向,班级成员才能提升人格和精神修养,才能抵受得住威胁与诱惑,才能不断地奋发向上,才会得到良性发展,志以成学。

2.生涯规划

孟武伯问:"子路仁乎?"子曰:"不知也。"又问,子曰:"由也,千乘之国,可使治其赋也。不知其仁也。""求也何如?"子曰:"求也,千室之邑,百乘之家,可使为之宰也,不知其仁也。""赤也何如?"子曰:"赤也,束带立于朝,可使与宾客言也。不知其仁也。"

——《论语·公冶长》

孟武伯问:"子路算得上有仁德吗?"孔子说:"不知道。"孟武伯又问一遍,孔子说:"仲由呵,一个具备千辆兵车的大国,可以让他去负责军事。至于他有没有仁德,我就不知道了。"又问:"冉求怎么样?"孔子说:"求呢,一个千户规模的大邑,一个具备兵车百辆的大夫封地,可以让他当总管。至于他的仁德,我弄不清。"孟武伯继续问:"公西赤怎么样?"孔子说:"赤呀,穿上礼服,站在朝廷上,可以让他和宾客会谈。他仁不仁,我就不知道了。"孔子对三个学生进行了评价,认为他们各有专长,不同的学生应该有不同职业发展规划,有的可以管理军事，有的可以管理内政，有的可以主持外交。

和文化的班级应该是崇尚庄重威严的，教师端庄大气，学生端庄稳重，不骄不躁，目标清晰，规划合理，乐于学习，敢于改过，宁静致远。

（二）内外兼修　班级和乐

1.自主学习

子曰："默而识之，学而不厌，诲人不倦，何有于我哉？"

——《论语·述而》

孔子说："把所见所闻默默地记在心上，努力学习而从不满足，教导别人而不知疲倦，这些事我做到了多少呢？"这里是孔子的自我评价，他一生坚持广泛地学习，详尽细密地探究事物的原理，不知疲倦地教导学生，堪称万世师表。"默而识之"，与其说是学习的方法，不如说是严谨的态度，对所学所历，需要的是一种默然的宁静，而非哗众取宠；"学而不厌"是自然的事情，一旦感到学习的乐趣，一旦由学习打开自己五彩缤纷的世界，必然乐在其中，岂会生厌？

这里强调了学习的自主性，自助者天助，和文化的班级要培养具有自主学习意识、充满学习兴趣的学生，要使班级成员具备学习的内驱力，不断向知识的深处探究，从而实现学以广才。班级学风营造格外重要，青少年时期学识基础厚实不厚实，影响甚至决定自己的一生。要实现中华民族的复兴梦离不开具有远见卓识的青少年，班主任要积极引导学生把握住学习的黄金时期，把学习作为首要任务，作为一种责任、一种精神追求、一种生活方式，树立梦想从学习开始、事业靠本领成就的观念，让勤奋学习成为远航的动力，让增长本领成为搏击的能量。

2.和乐修身

子曰："由之瑟，奚为于丘之门？"门人不敬子路。子曰："由也升堂矣，未入于室矣。"

——《论语·先进》

孔子说："由所弹的这种瑟声，怎么会出现在我的门下呢？"其他的学生听了这话，就不尊重子路了。孔子看到弟子们这个盲从的毛病就说："我这样说了一句话，是勉励激发他的话，你们就轻视他，太轻率了。"孔子再说："由的修养已经登入大厅，还没有进入深奥的内室而已。"

"乐"，不仅是以音（声）的个人欣赏能力、实操能力实现人格修养的提高，还有身份认同、族群及国家认同的核心功能。古人并没有把音乐当作一种单纯的娱乐，而是既作为一种艺术，又作为政治生活的重要内容。周公制礼作乐，以礼规范社会秩序，以乐寻求社会和谐，实行礼乐治国。孔子同样秉承这样的理念，在规范、发展、传承音乐知识方面做了大量工作，并视乐为"君子六艺"之一，要求弟子学习掌握。孔子身处乱世，一生遭遇种种困境，却总能在生活中保持坦荡和快乐，他能疏解自己的情绪，主要还是因为他好诗与乐。诗原本就是乐的一部分。孔子理想中的完美国家是以礼乐建构道德仁心，使人知道、知德、知廉耻、知荣辱。他一生推行礼乐教化的治国及育人理想，推崇先代雅乐、西周礼乐，祖先祭祀之乐不可乱用，他又提倡、欣赏修身之乐。

孔子说："乐主和。"子路生性好勇，所以弹起瑟来，尽管功夫还是很好的，但缺乏"和"的神韵。子路虽未至中和之境，但其刚勇却基于正，假以时日，亦足以变化气质，渐入佳境。

3.常规建设

"君子不以绀緅饰，红紫不以为亵服。当暑，袗絺绤，必表而出之。缁衣羔裘，素衣麑裘，黄衣狐裘。亵裘长，短右袂。必有寝衣，长一身有半。狐貉之厚以居。去丧，无所不佩。非帷裳，必杀之。羔裘玄冠不以吊。吉月，必朝服而朝。"

——《论语·乡党》

君子不用青中透红或黑中透红的布做镶边，红色和紫色不用来做平常家居的便服。暑天，穿细葛布或粗葛布做的单衣，一定是套在外面。黑色的衣配羔羊皮袍，白色的衣配小鹿皮袍，黄色的衣配狐皮袍。居家穿的皮袄比较长，可是右边的袖子要短一些。睡觉一定要有小被，长度是人身长的一倍半。用厚厚的狐貉皮做坐垫。服丧期满之后，任何饰物都可以佩带。不是上朝和祭祀时穿的礼服，一定要经过裁剪。羊羔皮袍和黑色礼帽都不能穿戴着去吊丧。每月初一，一定要穿着上朝的礼服去朝贺。这里强调的是着装要符合身份和地位，学生的着装要求亦是如此，不能片面理解为着装统一是为了防止攀比和统一管理需要，学生在校的着装要符合学生的日常行为规范，在家庭、日常生活、交友中也需要着装得体。

"食不语，寝不言。虽疏食菜羹，瓜祭，必齐如也。席不正，不坐。乡人饮酒，杖者出，斯出矣。乡人傩，朝服而立于阼阶。问人于他邦，再拜而送之。"（《论语·乡党》）吃饭的时候不说话，睡觉的时候也不说话。虽然是吃粗米饭蔬菜汤，也一定先要祭一祭，一定要像斋戒时那样恭敬严肃。孔子在落座之前，若是发现席子没有摆放端正，他是不会坐下的。在举行乡饮酒礼后，要等老年人、长辈、前辈先走出去，自己才出去。本乡的人们举行迎神赛会驱疫逐鬼仪式时，孔子总是穿着朝服（即庄重的正装）站立在东面的台阶上。孔子托别人代为问候在其他诸侯国的朋友时，要躬身下拜，拜两次，送走所托的人。对任何不合礼制的事情，他都是不会接受的。

孔子这种执着于礼仪细节的行为，启发我们在班级管理中要引导学生从衣食住行等小事做起，要心存敬畏，毕恭毕敬，恰当处理好人与人、人与社会、人与自然的关系。

（三）协同共育　家校和融

1.环境育人

子曰："里仁为美。择不处仁，焉得知？"

——《论语·里仁》

古时以七十二家为里，"择"是选择居住之地，孔子在这里强调环境对育人的重要性。先学什么、先做什么都要注重环境。在学校里，班主任可以关注学生在整洁、保洁、绿化、美化、文化等问题上的合作、

第五章　以和带班

责任与担当意识和能力的培养，从而使学生受到教育和影响。班主任引导学生从自身出发锤炼品德，在班级环境建设中营造良好的班级风貌，自觉树立和践行社会主义核心价值观，自觉用中华优秀传统文化、革命文化、社会主义先进文化培根铸魂、启智润心，加强自身道德修养，明辨是非曲直，增强自我定力，矢志追求更有高度、更有境界、更有品位的人生。

2.家校共育

子谓伯鱼曰："女为《周南》《召南》矣乎？人而不为《周南》《召南》，其犹正墙面而立也与！"

——《论语·阳货》

孔子对儿子伯鱼说："你学习《周南》《召南》了吗？一个人如果不学习《周南》《召南》那就像面对墙壁站着一样，什么都不知道，什么都不会！"《论语》中还记载有孔子庭训儿子孔鲤一事。从中我们可以看到，孔子的家教是注重儒家经典学习，主张将家庭教育与学校教育结合在一起，重视孩子的早期教育。他还提出"性相近也，习相远也"（《论语·阳货》），他认为人性是很接近的，但由于环境和习俗习惯的不同，使人在后天逐渐有了善恶之别，孔子认为必须对孩子成长的环境和习惯培养持慎重态度。孔子的孙子子思是曾子的学生，在儒学的延续中发挥了关键作用，相传《中庸》为子思所作，还培养了中国古代历史上的另一位圣人孟子。

深受孔子家庭教育与学校教育共育的影响，曾子教子的理念和方法在曾子家族中更是成为世代相承的家教宝典，深深影响着后世子孙。曾子及其父亲曾点均为孔子的弟子。其父曾点对孔子的思想有较深认识，具有远大的志向和高尚的品格。依赖于父亲曾点的家庭教育和孔子对曾子的学校教育，曾子由平民成为圣人，其"孝""悌""信""忠"皆备于身。在家庭教育方面，有我们非常熟悉的曾子"杀猪示信"的典故，也有"临终易箦"一事：曾子临终仍坚持让儿子们为他换去不符合其身份地位的"簪"。在学校教育方面，《史记》记载："其母死，起终不归，曾子薄之，而与起绝。"吴起曾经在曾参门下求学，其母死却不归，曾子看不起他，于是将他开除。

子思和众弟子及儿子曾元、曾申、曾华一同接受曾子的教育，传承孝悌之道，修养仁义之德，闻道向学，各自做出了一番成就。这启示我们要将家庭教育与学校教育有机融合，实现协同育人。学校是教育现代化的一部分，学校现代化除了基础设施与环境现代化外，教育教学现代化、学校与社会关系现代化更是学校现代化的重要标志。孩子生于家庭、长于学校、生活在社会，扎实开展深入、持久、生动的爱国主义教育，需要家校协同增强教育合力。班主任抓好家校协同工作，引导学生树立远大理想，热爱伟大祖国，担当时代责任，勇于砥砺奋斗，练就过硬本领，锤炼品德修为。

三、"和"文化的区域自画像

文化，是一座城市的根与魂，《论语》的和文化强调"和实生物""以和为贵""和而不同"三个维度，在不同区域都扎下了自己的深根。以笔者所在的成都市武侯区为例，其所辖区域历史上为古蜀国腹地，因境内蜚声中外的蜀汉英雄纪念地武侯祠而得名，武侯祠穿越千年历史烟云，静静地述说着诸葛丞相的惊世才绝，无双智计。武侯历史文脉悠久，科教资源丰富，钟灵毓秀的人文环境，传承中凝聚了武侯智慧仁厚的城市精神。武侯人崇尚质朴，仁厚亲和，这是儒家以和为贵的优秀文化传统的体现。保持开放的心态，越能包容万事万物，越能体现"和实生物"的要义。

（一）知识观——品格生成

1.内涵

"子以四教：文、行、忠、信。"

——《论语·述而》

孔子以四项内容来教导学生：文化知识、践行所学之道、忠诚、守信。孔子教给学生的内容，回答了"培养什么人"的问题，是孔子重要的知识观。

文化是魂，是民族的根。文化是最重要的血脉传承，中华文化积淀了中华民族最深沉的精神追求，是中华民族生生不息、发展壮大的丰厚滋养，是中华民族精神的源头活水、思想基础，是中国人生活方式的精神表现。如果否认、割断、抛弃中华传统文化，就无法建立社会主义核心价值观，也无法实现中国梦。教育应培养学生的文化自信。教育是一项道德性的实践活动，落实立德树人的根本任务，迫切需要培养具有中华文化底蕴的学生，需要引导学生树立文化自信，需要生成具有中国特色的必备品格。班主任要引领学生学习和传承中华文化，注意保护具有区域特色、本土特色、文化多元的中华民族文化特色，推动中华文化和世界文化的繁荣发展。

一个民族认识问题、分析问题、解决问题的思维方式与其价值观紧密相联，具有独特性，并影响这个民族的生活方式，形成不同的习俗、信仰，反之亦然。不同的文化背景反映着不同的价值观，以不同的标准来判断是非善恶，这是文化的核心。"博学于文""行己有耻"，在中华文化中，判断一个人，判断一件事，是以道德为标准，知耻是道德的底线。中国传统文化最强调人的道德自觉和自律，认为决定命运的是自己的德性，道德重于生命。

学校道德教育的目的是培养健全人格，达到自我完善和实现自我价值。好德性，是看得见的品格。学生在校学习的时间里，能够在学校课程及活动里形成稳定的优良品格实属不易。班主任要梳理班本课程的知识观，培养学生必备的品格，为学生提供品格学习和体验的机会，使学生获得道德知识，进行道德实践，坚定道德意志，发展道德能力。例如，"仁"是处理人与社会的道德智慧，学生可以在"中华文化，为您感到自豪""尊重他人，积极发表见解""诚恳待人，助同学和睦相处"等主题活动中学习"爱国、有礼、主动"的品格；"敬"是处理人与物的道德智慧，学生可以在"适度消费，低碳环保生活""保护自然，天人合一有道""实干兴邦，求实工匠精神"等主题活动中获得"节俭、敬畏、务实"的可贵品格；"慧"是处理人与自己的道德智慧，学生可以在"乐观向上，有效自我管理""维护正义，没有任何借口""格物致知，修身齐家为公"等主题活动中，体验"阳光、正直、求真"的品格。

2.实践

（1）和谐环境，育君子人格

和善的生命自然充满阳光，能产生凝聚人心的力量。武侯区各学校致力于打造"和谐环境"，营造"和谐校园"，以"和"文化促进学生的品格生成。例如，坚持"生态教育"办学理念的玉林小学，倡导"迎着阳光积极向上"的爬山虎精神。三国蜀汉文化，望江楼的诗竹文化，红牌楼的国学经典文化以及川西民居等文化内涵，不断地融入学校的文化建设和学生的品格培养中。营造"和"文化的校园，建设了独特的校园文化景观，如武侯高中的三顾苑、宁静楼、志远楼、志远班，锦里小学的国学堂等。在"和"文化的滋养下，武侯校园呈现百花争艳、百舸争流的良好态势。

（2）致和尚美，促品格生成

子曰："志于道，据于德，依于仁，游于艺。"

——《论语·述而》

孔子说："以道为志向，以德为根据，以仁为依靠，来指导丰富多彩的礼、乐、射、御、书、数六艺。"武侯区立足蜀汉特色文脉，秉承三国文化精髓，融合现代城市文明，在传承中求发展，在探索中求精致，形成了"致和尚美"的艺术教育品牌。在丰富多彩的"和"文化活动中，寓教于乐，促进学生品格生成。

武侯教育人不断扎根中华优秀传统文化，开展育人创新实践。武侯教育人在"和"文化的指引下，积极营造和谐环境，打造和谐校园，从而帮助学生涵养君子品格，在"和"文化的濡养中塑造学生仁、义、礼、智、信、勇等君子品格，解决了课程建设中的育人知识观问题，从而促进学生的品格生成。

（二）学生观——智慧生长

1.内涵

或曰："雍也仁而不佞。"子曰："焉用佞？御人以口给，屡憎于人。不知其仁，焉用佞？"

——《论语·公冶长》

有人说："冉雍这个人有仁德但不善辩。"孔子说："何必要善辩呢？靠伶牙俐齿和人争辩，常常招致别人的讨厌。我不知道他是否可称得上仁，但为什么要有口才呢？"孔子对如何让学生获得知识，有独到的学生观。在他看来，冉雍有仁德就够了，不必要善辩，善辩让人讨厌，这就是一种将仁德内化生长的道德智慧。

什么是道德智慧？子曰："唯仁者，能好人，能恶人。"（《论语·里仁》）孔子说："只有有仁德的人，才能正确评价哪些人品质好，哪些人品质坏。"善良是一种选择，《论语》讲透了中国社会安身立命的大智慧。道德智慧是善于善的能力。知识是产生智慧的基础，但知识未必直接催生智慧。真正有智慧的人，虽然可以学习别人的知识，但内心有自己的习得和生长。真正的道德智慧是面对人心时所拥有的判断力，并做出恰当的选择。

道德智慧有何价值？孔子提倡的最有效的教育方式是"道之以德，齐之以礼"，用道德规范引导学生进行自我反思，让学生真正知道自己错在哪里，发自内心地改正错误，从而触及学生的内心世界，塑造学生美好的品德。道德智慧是一种通达的智慧。世事洞明皆学问，人情练达即文章。道德智慧在于对人生事务的洞察和处理人际关系时的机智与圆融，用它来寻求心灵内在的秩序与和谐，正确处理个人与自我、与他人、与社会、与自然的各种道德关系，达到道德实践的预期目标。道德智慧的真谛在于中德智慧。研究表明，依据学生的道德需求，切合学生的道德层次，应该开展丰富多彩的道德体验教育活动，促进学生自我反思和构建，提高个体对自我及周围关系世界的融通领悟能力，觉解、获得中国传统道德智慧中的中德智慧。

如何学习并践行道德智慧呢？《论语》所呈现的育人活动中，孔子与诸弟子的互动交往不是机械式的知识灌输，而是教学相长。教师将知识有效地传递给学生，并在教的过程中整合已有知识或是注入新的"血液"，学生则在学中充分发挥自身的主观能动性，调动学习积极性，触发学习内驱力，学会质疑、思考，将所学知识融入道德实践活动中提升自我，而不是被灌输、被输入的学习方式。整个教学过程中，教师与学生相辅相成，相互促进。

水必有源，木必有本。学习是为了改变自己，班主任要让《论语》的智慧走进日常，走进带班实践中，引导学生成为一个具有道德智慧的人；要以中国式道德理性思维，恰当地处理人与自然、人与社会、人与自己之间的关系，理性地把握道德实践，明是非、知荣辱、分善恶、辨美丑，形成求善、向善、从善的自觉。例如，在提高境界上，真正让人舒适的生活状态，就是"从心所欲不逾矩"，自律的人生，才能自由；在生活的态度上，"君子忧道不忧贫"，不要忧虑生活，应该忧虑的是你是否找到了自己的"道"；在自我关系上，"君子求诸己，小人求诸人"，不管外界如何变化，做好自己能掌控的部分，你会开心得多；在人际交往中，"巧言、令色、足恭""恭近于礼"，交往时要有"边界感"，才能游刃有余。

2.实践

子曰："躬自厚而薄责于人，则远怨矣。"

——《论语·卫灵公》

孔子说："多责备自己而少责备别人，那就可以避免别人的怨恨了。"人与人相处难免会有各种矛盾与纠纷。班主任应责己以严，待人以宽，要勇于承认自己的不足，善于从自身方面探求事情的原因并加以

第五章 以和带班

检讨和改善，谦卑以自处，厚德以服人；要修炼自身的道德能力，为人处事应该多替学生考虑，从学生的角度看待问题，多做自我批评，不能一味指责学生和家长的不是。

所谓学高为师，师者传道授业解惑也，学问不可不高，意志不可不坚。班主任应不断践行《论语》智慧，树立积极进取的意志品质，不断开阔自身的视野，不断提升自我的境界；应广泛学习、积极探索和不断反省；应明理厚德，努力生长道德智慧。

所谓仁爱共济，才能立己达人。班主任应科学设计教育目标，客观记录学生品行；以远大的理想信念夯实学生的道德基础，巩固其人生发展的根本，引导学生立志肩负起民族复兴的时代重任。

（三）社会观——文明生活

1.内涵

"滔滔者天下皆是也，而谁以易之？且而与其从辟人之士也，岂若从辟世之士哉？"耰而不辍。子路行以告，夫子怃然曰："鸟兽不可与同群，吾非斯人之徒与而谁与？天下有道，丘不与易也。"

——《论语·微子》

有人对子路说："天下动乱犹如滔滔洪水不绝，谁又能改变这种状况呢？况且你与其跟从逃避坏人的人，还不如跟从逃避污浊尘世的人。"说完，他还不停地用土覆盖播下去的种子。子路回来告诉孔子，孔子怅然若失地说："人不是生活在鸟兽中，我不和人打交道，和谁打交道呢？如果社会井然有序，那我就无需努力改变它了。"天下熙熙，皆为利来；天下攘攘，皆为利往。我们都是生活在社会中的"人"，天下兴亡，匹夫有责。

"学而时习之，不亦说乎"，意思是"学到的知识若有机会付诸实践，那是一件很高兴的事"。由此可见"学"与"社会"是紧密联系的。班主任要引导学生"为己之学"，只有成己才能成物，为己才能为人。

在孔子的心目中，"修己""为己"是第一步；在此基础上，第二步则是去"安人"，即如何处理好人际关系。如前述的"修己安人"，孔子认为，家庭关系处理得好，工作关系、社会关系自然就会处理得好。子曰："不逆诈，不亿不信，抑亦先觉者，是贤乎！"（《论语·宪问》）孔子说："不预先怀疑别人欺诈，也不臆测别人不诚实，然而能事先觉察别人的欺诈和不诚实，这样的人就是贤人了。"在《论语》中，谈及"朋友"关系时都用一个"信"字。而这个"信"，不仅属于同窗之间、同事之间、朋友之间，也存在于上下级、亲子、夫妻、兄弟、师生、陌生人之间，处理好这些关系，才能实现安己安人。

所以，班主任需要以"不忧、不惑、不惧"之精神，和学生一起去实现个人理想和社会价值。一个有理想、有价值追求的人，一定会自觉地肩负使命，百折而不挠，历千难而不馁；一个有智慧的人，不会被当前困难所打倒，他会在解决困难的过程中发现并抓住新的机遇，视危机为契机，以谋求新的发展。班主任带班理念的社会观中，要学习孔子"以天下为己任"的大爱情怀，以"明知不可为而为之"的担当精神，始终把自己和学生置身于人群里、社会中，做促进社会文明的参与者和创造者。

2.实践

（1）打造整洁教室

教室是师生生活的一个场所，是距离学生最近的劳动教育课堂，是劳动实践基地。一屋不扫何以扫天下，一间教室虽小，却蕴含着班主任的社会观。整洁教室事小，纷繁复杂的问题却深深困扰着老师们。学生学习时间紧张，哪有时间整洁教室；低段学生年龄小，拿不起拖布；个别学生的责任意识和卫生习惯问题始终无法从根本上解决；有的学生不爱劳动，在劳动中偷工减料；教室清扫耗时长，保洁难度大……

学生运用所学打造整洁教室，是在"做中学"的自主学习；学生研究教室的整洁问题，与真实问题对话，是生成精彩观念和产出思维的情景式课堂，是挖掘开放性课程资源的合作学习；是不出校园，实现劳动实践知行合一的课堂。打造整洁教室，是学生最日常的劳动技术学习课程，是志愿服务，是班级社会服务，是职业体验活动，也是班主任带班理念中社会观的体现。

（2）构建和谐关系

人是社会化的产物，需要处理好个人心中思想和感情矛盾与平衡的关系，个人与家庭的关系、与工作的关系、与社会的关系、与大自然的关系，与人的关系。班主任不是高高在上的"权威者""真理的传授者"，而是学生自我认知和管理、他人认知和管理、集体认知和管理的"促进者""引领者"，是学生学习"幸福生活知识"、形成社会情感能力、解决人生困惑的"合作者"。班主任在以和带班的教育实践中，应以身作则，引导学生彼此尊重，互相接纳和欣赏，用"和实生物""和而不同""各得其所""以和为贵"的思想为指导，积极构建和谐关系，学习接纳和处理各种关系中的不同矛盾。

（3）培养健全的人

全面发展的教育是指培养人的德、智、体、美、劳全面发展的教育，它突破了只注重学生智育发展的传统教育观念，在注重学生智育发展的同时也关注其他方面的发展进步。在以和带班的实践中，班主任要在"立德树人"根本任务之下培养学生，培养有理想、有本领、有担当的时代新人，而"三有"与学生发展的核心素养密切关联。

核心素养的表达有三个要素：一是关键能力，落实有本领的要求，认知能力、合作能力、创新能力、职业能力让时代新人不仅能"坐而论道"，而且能"起而行之"；二是必备品格，用必备品格来指引关键能力的发展方向，落实有担当的要求；三是正确的价值观，落实有理想的要求，因为价值关乎理想、信念。

班主任用核心素养导向以和带班的教育教学实践，注重培养学生的创新精神、实践能力，破解科学技术创新中的关键问题，要积极实践"为价值而教育""为生活而教育""为理想而教育"，致力于培养全面发展，有健全人格，有中国情，有民族魂，有世界眼光的社会主义建设者和接班人。

2016年，我在中国教育科学研究院做高级访问学者学习期间，有幸在什刹海书院聆听了钱逊先生的《论语》系列讲课。迷茫之时，我庆幸遇见了《论语》。就这样，《论语》成为了我的良师益友。

遇见《论语》，我得以和大圣人近距离接触，感受他的伟大和平凡；遇见《论语》，我的人生有了新的方向。我仿佛找到了解决班主任工作中的焦躁问题的钥匙——从经典中寻求答案和力量。

于是，我将《论语》作为指导榜样班主任修身和带班实践的第一本教材，在共读和实践探究的过程中形成了书稿。本书是《区域"标杆班主任"培养的行动研究》课题组集体智慧的结晶，是成都市武侯区榜样班主任集体共学共实践的成果。武侯区榜样班主任既是课题的被研究者，也是研究参与人员，共同推进区域"标杆班主任"培养的研究。在编写时，本书结合班主任工作实际，基于问题导向性、实用性、实践性原则，注重了内容的可读性和可操作性。以阅读经典和解决班级育人问题为载体，以培养班主任传承中华优秀文化的使命感，增强班主任学做人、以德育德、为国育才的意识，提升班主任依靠中华传统文化解决育人问题的能力。希望本书能够为广大中小学班主任亲近中华优秀传统文化及开展班本实践提供借鉴，为我国中小学德育、国学教育及教师教育的理论工作研究者及实践者提供讨论案例。同时，本书将为今后区域内外班主任"读《论语》悟带班"智慧提供参考。

回望阅读过程，可谓困难重重。《论语》是反映孔子思想的基本文献。其内容博大精深，包罗万象，涉及政治、教育、文学、哲学以及立身处世的道理等诸多方面。杨伯峻先生说，古今中外关于《论语》的著作达三千多种。一开始，大家都怀着忐忑的心情走进《论语》，我们对《论语》的解读还远远不够，仅有的一点点领悟还不完全准确。书读百遍，其义自见。于是，我们在译文版本的选择上花了很多功夫，广泛阅读了多个版本，包括钱穆先生以及各大网站中前辈的成果，在此表示诚挚地感谢。然后，在将《论语》的智慧运用于带班的实践中，班主任们还存在诸多疑虑和困惑。所幸，我们得到了中华孔子学会副会长、中国教育科学研究院教育理论研究所所长吴安春研究员、中国教育科学研究院教育理论研究所杨阳博士等专家的指导。他们严谨专业的学术作风，给我们的研究予以启迪，并鼓励我们不断实践，最终将这些实践经验收录成书。最后，本书的写作还得到了诸多学者、班主任的帮助，真诚地感谢各位，尤其是为本书提供内容支持的各位班主任，感谢大家在工学矛盾紧张时，积极利用节假日和闲暇时光共学共成长。

感谢编写组的老师，在疫情及"双减"工作背景下，不辞辛劳，完成文稿。各章节的写作分工如下：王莉莉、刘超男、朱思敏负责第一章，聂晓冀、李纯、余怡葶、徐魏负责第二章，文沉思、徐欢、马莉负责第三章，蒋敏、靳艳负责第四章，刘佳、周勤、王仁智负责第五章，易琼、刘佳、周勤承担全书编写的组织与统稿工作，柏鸿鹰、杨慧颖承担部分统稿与组织工作。编写中，我们参阅、借鉴了诸多老师的专著、

后记

数据和文献资料，受到学界各位老师的思想、理论、著作、观点的启迪，在此一并致以诚挚的感谢！真诚感谢为书稿的撰写与出版提供了专业指导以及无私帮助的专家学者与朋友，尤其感谢成都市武侯区教育局、成都市武侯区教育科学发展研究院的指导，以及为成果出版提供的鼎力支持。真诚感谢为本书付出辛勤工作的各位朋友，感谢大家提出的许多中肯的意见和建议。我们的素养还有待提升，所学所实践还有诸多不当之处，请学界及各位朋友批评指正。

亲爱的班主任们，希望本书的一些讨论能够带给你们一些启发，激发你们研究的兴趣，将研究教育教学作为自己的天职和使命。以《论语》润泽学子心灵，"博学而笃志，切问而近思""博学于文，约之以礼""知之为知之，不知为不知""工欲善其事，必先利其器""敏而好学，不耻下问""过而不改，是谓过矣"……以《论语》的智慧带领学生修身、成长，带领班级向前进、向远行。

易　琼

2022年4月23日